KW-224-168

FRANÇOIS MOREL

Né à Flers en 1959, François Morel a notamment fait partie de la troupe des Deschiens. À la fois comédien, metteur en scène, chanteur et chroniqueur de radio, François Morel alterne spectacles personnels et théâtre de répertoire, comme *les Diablogues* de Dubillard et, tout récemment, *Le Bourgeois gentil-homme* mis en scène par Catherine Hiegel. Chaque vendredi matin depuis septembre 2009, François Morel présente « son billet » dans la matinale de France Inter. Un billet d'humeur, un billet d'humour, un billet qui puise, l'air de rien, son inspiration dans l'air du temps.

L'AIR DE RIEN

FRANÇOIS MOREL

L'AIR DE RIEN

CHRONIQUES

Denoël

Pocket, une marque d'Univers Poche,
est un éditeur qui s'engage pour la préservation
de son environnement et qui utilise du papier fabriqué
à partir de bois provenant de forêts gérées
de manière responsable.

Le Code de la propriété intellectuelle n'autorisant, aux termes de l'article
L. 122-5, 2e et 3e a, d'une part, que les « copies ou reproductions strictement réservées à l'usage privé du copiste et non destinées à une utilisation
collective » et, d'autre part, que les analyses et les courtes citations dans
un but d'exemple ou d'illustration, « toute représentation ou reproduction
intégrale ou partielle faite sans le consentement de l'auteur ou de ses
ayants droit ou ayants cause est illicite » (art. L. 122-4).
Cette représentation ou reproduction, par quelque procédé que ce soit,
constituerait donc une contrefaçon sanctionnée par les articles L. 335-2
et suivants du Code de la propriété intellectuelle.

© Éditions Denoël, 2011
ISBN : 978-2-266-23166-4

Vous trouvez cet avant-propos inutile ? Moi aussi. Si vous avez ce livre en main, vous savez à peu près de quoi il s'agit : un recueil réunissant mes chroniques écrites pour France Inter.

Bon. Puisque les Éditions Denoël me réclament une mise en bouche, je vais tenter de remplir un feuillet et demi en essayant de répondre par avance aux questions des centaines de milliers de journalistes qui, dès la sortie de cette nouvelle pierre à l'édifice de la pensée et de l'intelligence, vont faire le pied de grue devant Denoël, devant France Inter afin de se précipiter sur les attachées de presse qui réussiront peut-être à faire obtenir aux plus chanceux un rendez-vous, une entrevue, une rencontre avec mon auguste et modeste personne.

S'il vous plaît ! Pas tous en même temps ! Calmez-vous ! Un peu de discipline !

« Vos chroniques, c'est quel genre ? Plutôt Nicolas Bedos ou Stéphane Guillon ? »

Pour faire un peu gommeux, je citerai Paul Léautaud et Alexandre Vialatte. Dans la presse, le lendemain, on pourra lire que je suis adepte notamment de Paul et Loto, sans doute un nouveau duo comique du Jamel Comedy Club.

« Vous vous sentez libre de dire ce que vous voulez

sur France Inter depuis que ça a été complètement repris en main par le pouvoir UMP ? »

Là, j'avoue que je serai un peu gêné aux entournures. Naturellement, j'aimerais à ce moment-là, afin d'être à l'unisson de nombreux analystes des médias, dire que Philippe Val est un gros fasciste qui mange sa merde ou quelque chose d'aussi nuancé, mais étant donné que Philippe Val est la personne qui m'a demandé d'assurer la chronique du vendredi et qu'à aucun moment je ne me suis senti censuré, empêché, j'aurais du mal à défendre l'idée que la radio de Pascale Clark, Kathleen Evin, Thomas Legrand, Daniel Mermet…, soit devenue totalement et unilatéralement à la solde du pouvoir en place.

« Pensez-vous qu'on peut rire de tout ? »

Ah ! Très bonne question. Merci de me l'avoir posée. On est toujours surpris par l'originalité des interrogations de tous ceux qui inlassablement nous invitent à toujours plus de non-conformisme, de personnalité, d'indépendance d'esprit. Donc, on peut rire de tout mais on n'est pas obligé. L'idée d'être le premier à trouver le bon mot sur le dernier désastre écologiste, l'ultime raid aérien sur Tripoli, la toute nouvelle catastrophe aérienne n'est pas dans mes préoccupations.

« Vous vous définissez comme un humoriste ? Comme un chansonnier ? »

« Chansonnier » ? On ne peut pas dire que d'une manière générale les pensionnaires du Théâtre des Deux Ânes ou du Caveau de la République aient été en première ligne pour faire avancer par exemple la cause des femmes ou des homosexuels. Il m'arrive de pratiquer l'autosatisfaction (je sais : c'est laid) quand je réussis à amuser en émettant une petite conviction non rétrograde.

« Humoriste » ? C'est sans doute mieux que

« comique », qui est un adjectif… Avoir un peu d'humour dans la vie, c'est utile. Il n'est pas non plus superflu d'avoir de la compassion, de la générosité, de l'affection, de la colère, de la tendresse, de l'indignation, mais à personne ne viendrait l'idée de se définir comme un compassionniste, un générosiste, un affectionniste, un colériste, un tendressiste, un indignationniste. Humoriste, ce n'est pas un métier.

L'attachée de presse vient de se lever. Elle demande aux journalistes de quitter la salle. M. Morel est fatigué. Il doit se retirer. Un brouhaha se fait entendre. Plusieurs reporters réclament le droit de poser une dernière question. Intraitable, la représentante des Éditions Denoël conclut la conférence en déclarant que toutes les réponses sont dans le livre.

PREMIÈRE SAISON

1

La confusion domine

4 septembre 2009

Aujourd'hui, Nicolas Demorand, vous êtes devant celui qui remplace le directeur de France Inter. Autant dire que c'est du lourd. Même si par hasard, par erreur, par manque de goût, de discernement, vous ne me trouviez pas drôle, même si vous me trouvez limite désagréable, revêche, je le dis également à l'intention de la rédaction du 7-9, vous avez intérêt à être gentil avec moi.

À France Inter, vous tenez la chronique du vendredi matin, l'année suivante, vous pouvez vous retrouver patron de France Inter.

Ça fait réfléchir.

Je sais bien, la chronique du vendredi matin, a priori c'est celle dont personne ne veut. Didier Porte a sa journée syndicat, Stéphane Guillon au volant de sa Porsche est parti en week-end prendre du recul afin d'affiner un peu plus ses analyses politiques. Depuis qu'il a souligné avec pertinence que Strauss-Kahn était un queutard de première et que Martine Aubry avait un gros cul, il est devenu le politologue le plus écouté de France. De source bien informée, on dit qu'il tra-

15

vaillerait en ce moment sur un gros dossier qui risque d'être relayé par toutes les rédactions un peu sérieuses de ce pays : Éric Besson aurait un petit zizi.

Enfin moi le vendredi je suis libre. Le lundi j'ai ma lessive, le mardi les courses, le mercredi mon ménage, le jeudi un peu de jardinage, mais le vendredi je suis libre. Ça ne tombait pas mal. J'ai trois minutes trente pour dire ce que je veux.

Donc Philippe Val est devenu le directeur de France Inter. Imaginez un type tombé dans le coma en février 1978 et qui se réveillerait ce matin. On lui dit : « Philippe Val est directeur de France Inter !

— Non, c'est pas vrai !

— Si, je te jure !

— Non, c'est pas vrai !

— Si, je te jure !

— Philippe Val, le type qui chante "J'm'en branle", vient de remplacer Jacqueline Baudrier ! Non. C'est pas vrai !

— Si, j'te jure.

— Et Patrick Font, il fait quoi ? Secrétaire d'État à la Jeunesse et aux Sports ? Pas ministre de l'Éducation nationale quand même ! »

Il est malin, Sarkozy, il s'arrange pour que soit nommé sur la radio nationale le type qui passait son temps à tenter de le détruire à longueur d'éditoriaux…

Vous imaginez aujourd'hui l'ambiance à *Charlie Hebdo* ?

« Dis donc, viens là, toi… C'est quoi cet article assassin sur le président où tu le traites de sous-doué, de nain de jardin, de raclure, de mou du genou, de parvenu ?

« De nazillon, de démagogue, d'éclopé, de parasite, de vieille savate, de sous-merde…

« De trou du cul, de bâtard, de tête de nœud… Non

mais dis donc, tu serais pas en train de chercher une place, toi ? Tu espères quoi ? La direction de France Culture ou l'ambassade du Vatican ? »

La confusion domine. Comment expliquer au comateux de 78 cité plus haut que, cet été, les héritiers de Michel Debré, de Christian Foucher et d'Alain Peyrefitte ont défendu le rappeur Orelsan, au nom de la liberté créatrice, et que Mitterrand devenu ministre de la Culture a convoqué Rimbaud, ni plus ni moins, pour justifier les écrits de l'auteur de « Sale pute ».

Donc, « Sale pute », pour parler d'une femme, c'est légitime. Ça s'appelle la liberté d'expression. On peut s'attendre au même enthousiasme chez notre élite autoproclamée quand de futurs poètes écriront des œuvres intitulées « Sale pédé », « Sale nègre », « Sale youpin ».

La confusion domine.

À propos, j'ai lu quelque part que le nouveau directeur de France Inter avait le même profil psychologique que le président de la République. Si c'est vrai, à 8 h 30, tout à l'heure, la revue de presse sera tenue par Siné.

2

Il paraît qu'il faudrait jeter
ses mouchoirs sales…

11 septembre 2009

Depuis quelques semaines, avez-vous remarqué ? le ministère fait des campagnes pour dire aux gens de parler bas dans les transports publics, c'est un téléphone qui parle, parce que le publicitaire a dû trouver que c'était amusant un téléphone qui parlait. « Je suis un téléphone, je ne parle pas fort car je suis dans un autobus. »

Bon, il faut avouer que c'est assez poilant.

Une autre campagne invite les auditeurs à mettre la main devant la bouche quand ils éternuent. À cause de la grippe porcine. Elle est moins rigolote, la campagne. Ils auraient pu faire parler un petit cochon qui éternue (grouik grouik, atchoum…) mais non, ils disent juste de mettre la main devant la bouche quand on éternue, histoire de ne pas contaminer son voisin.

Parce que quand on éternue, eh bien on peut refiler sa maladie à quelqu'un d'autre.

« Ah bon ? »

— Oui, on dit que c'est contagieux.

— Ah d'accord ! »

Et puis on n'est jamais trop prudent, en ce moment par exemple, tant que Christophe Hondelatte est souffrant, il vaut mieux se brancher sur France Inter que sur RTL.

Et puis ils disent aussi que les mouchoirs en papier, il faut les jeter après usage.

« Ah bon, on les met pas genre dans le bas du frigo pour les faire sécher et pouvoir s'en resservir après ?

— Non, non, il faut les jeter.

— Ah bon.

— Mais on peut quand même les prêter à quelqu'un d'autre qui serait un petit peu moins enrhumé que vous pour quand même pas gâcher du papier qui ne va être utilisé qu'une fois ?

— Non, je te dis, tu te mouches et tu jettes juste après.

— Ah bon ? »

Tous les trucs qu'on apprend en écoutant la radio, c'est formidable.

Moi, ça me fait drôle qu'on me dise ça… Parce que moi, quand j'éternue, regardez, je mets la main devant la bouche.

Autre chose, ça me paraît prudent, quand je prends l'autobus, de garder pour moi mes conversations privées. Je trouve même un petit peu humiliant quand j'écoute la radio qu'on vienne me donner à mon âge des consignes de vie qui me semblent un petit peu basiques.

Quand je voyage en train, je passe mon temps, soit sur la plate-forme où j'ai le droit de téléphoner, soit à ma place, en train de m'engueuler avec des voyageurs qui parlent fort dans leur portable et qui m'empêchent de réfléchir quand je fais mon sudoku. C'est comme ça que vous êtes énervé et que vous vous rendez compte que le 8, on a eu tort de le mettre là vu que la colonne d'à côté, je vous fais remarquer, il y a déjà un 8.

L'autre fois, revenant de Bruxelles, une matrone de couleur noire me traite de nostalgique de l'esclavage après que je lui demande de cesser de tapoter bruyamment sur son téléphone. J'aurais dû peut-être regretter à ce moment-là que n'existent pas de campagnes amusantes pour expliquer aux gens que l'on peut retirer le son des téléphones afin de ne pas gêner ses voisins.

Comme je regrette parfois que n'existent pas de campagnes rigolotes pour expliquer qu'il ne faut pas cracher par terre, qu'il faut éviter d'uriner dans la rue, qu'il est préférable de ne pas faire du feu sous les voitures, et qu'il convient dans la mesure du possible de ne pas profaner les tombes de personnes décédées. Nos publicitaires amusants pourraient mettre à profit toute leur verve pour inventer une campagne ludique et décomplexée. « Bonjour, je suis la tombe de Mme Rosenberg et si tu me casses la pierre tombale, Mme Rosenberg va avoir un tout petit peu froid… »

L'instruction civique n'est plus très valorisée dans les programmes scolaires, mais il existe aujourd'hui des spots d'instruction civique. Parce qu'en réalité les publicités radiophoniques sont là pour remplacer les bons vieux cours d'instruction civique, que dans les ministères on doit juger vieux jeu, ringards, dépassés. Comme si l'on trouvait en haut lieu qu'il valait mieux baisser le budget de l'Éducation nationale pour augmenter les budgets communication des ministères… À bas les instits ! Vive les créatifs. À mort les professeurs ! Honneur aux publicitaires ! Merde à Jules Ferry ! Hommage à Jacques Séguéla !

Une autre campagne amusante imite un GPS pour indiquer la direction des chiottes et nous inviter au-delà de 50 ans à passer un examen colorectal.

N'est-ce pas légèrement infantilisant de vouloir à tout prix nous distraire avec des sujets sérieux ?

Mais c'est peut-être ça le rêve secret de nos gouvernants : un pays sans école mais où tous les citoyens seraient restés des enfants.

3

Vive la vidéosurveillance !

18 septembre 2009

Avant, quand j'étais jeune, que j'avais des cheveux jusque-là, que je lisais des journaux de gauche, que j'écoutais Maxime Le Forestier, je n'étais pas tellement pour la vidéosurveillance. J'étais pour le fromage de chèvre et pour les deux-chevaux décapotables qui nous emmenaient dans le sud de la France dans un nuage de fumée de cigarettes qui faisaient rigoler.

Mais la vidéosurveillance, je n'étais pas pour, vu que j'étais en faveur de la liberté individuelle, et que je craignais, mine de rien, qu'on soit en train de nous organiser un État policier. À l'époque, par exemple, je détestais le genre Patrick Balkany qui a fait de sa ville, Levallois-Perret, une sorte de grand studio de télévision avec des caméras partout, une ville où les administrés à force d'être filmés se prennent pour Steevy ou pour Loana, une ville de la corruption et de la perversité puisque chaque citoyen a le choix entre le statut de voyeur ou celui d'exhibitionniste.

J'étais jeune, j'étais fou, j'étais révolté, j'avais mes opinions… Je me souviens très bien de cette période de ma vie puisque, la semaine dernière encore, j'étais dans cet état d'esprit.

Et puis j'ai réfléchi, je me suis coupé les cheveux et finalement la vidéosurveillance, je suis pour. À fond pour. Parce que, excusez-moi, on est quand même entouré de gens dangereux sur lesquels il est utile de garder un œil… Et puis ça suffit d'être indulgent, laxiste avec les voyous !

Souvenez-vous l'année dernière au Salon de l'Agriculture, les caméras avaient filmé un individu s'adressant à un citoyen honnête en des termes particulièrement agressifs : « Casse-toi, pauvre con »… Depuis, l'individu s'est un peu calmé. Au moins en public. Il tente de dominer sa violence en faisant du sport, peut-être au risque de faire un malaise vagal mais au moins, quand il fait son jogging en plein cagnard, il n'embête personne.

L'autre jour, une caméra a filmé un énergumène en train de tenir des propos racistes. Un beauf de Neuilly qui ne sait pas non plus se maîtriser en public, ça fait peur… Imaginez qu'il soit ministre de l'Intérieur. Grâce aux caméras de surveillance, on sait à qui on a affaire…

C'est pour ça, maintenant, les caméras de surveillance, je suis pour qu'on en mette partout. Dans les rues, dans les immeubles, dans les écoles, dans les chambres à coucher, partout.

À l'Assemblée nationale, si on n'avait pas installé des caméras de surveillance le mercredi après-midi, il n'y aurait jamais personne. D'ailleurs, quand les débats ne sont pas filmés, les députés font n'importe quoi, ils légifèrent pour interdire la dissolution de la scientologie. Il faut donc filmer les députés, partout, tout le temps. Enfin, peut-être pas tout le temps, parce que, avec la course à l'audimat, ils risquent un jour d'élire Tom Cruise au perchoir…

À France Inter, on a tellement compris l'importance de la vidéosurveillance que maintenant tout est filmé. Les auditeurs sont désormais branchés sur Dailymotion pour découvrir le visage de ces voix qui les ont fait rêver. Avant, pour avoir le droit de parler dans le poste, on pouvait avoir un physique de radio. Aujourd'hui, ceux qui ont le droit d'être devant un micro, Bernard Guetta, Jean-François Achilli, moi-même, sont des mannequins recrutés dans les plus grandes agences de Paris, de Londres et de Milan. Chacun des nouveaux chroniqueurs a dû passer un examen d'embauche en slip et torse nu dans le bureau des nouveaux directeurs.

Oui, la présence de la caméra oblige à faire un effort sur soi-même. Si, en ce moment, je n'étais pas filmé, croyez-vous que je me serais habillé avec cette débauche d'élégance, de raffinement qui met en valeur ma plastique, ma beauté naturelle ? Croyez-vous que j'aurais passé des heures au maquillage avant d'entrer dans ce studio afin d'embellir encore un peu plus, si c'est possible, mon physique avenant qui met en émoi toute la rédaction de France Inter et ne laisse pas indifférent jusqu'à Nicolas Demorand qui d'un regard enamouré me couvre ?

Je m'égare. Le sujet de cette chronique était donc la vidéo surveillant les politiciens qui, tant qu'ils ne sur-veilleront pas eux-mêmes leurs paroles, feront encore l'objet de nombreuses chroniques.

4

Le livre à de Closets
25 septembre 2009

Le livre à François de Closets je suis pour à cent pour cent. C'est un livre qu'il a écrite lui-même alors qu'en orthographe il est pas bon, eh bien son livre chapeau pasque il a pas peur de dire que avant, faut voir, ça l'a complexé d'écrire des livres alors que l'ortografe et lui ça fait deux. À cent pour cent d'accord avec toi, François. Moi je dis qu'aussi il faudrait que ça soye plus liberal aussi concernant l'oral parce que lui François de Closets il est bon à l'oral mais à l'écrit il est à chier.

D'accord.

Mais suila qu'est pas bon non plus à l'oral il est désavantagé par rapport à celui la qu'est bon à l'oral mais qu'est pas bon à l'écrit et pourquoi que celui la qu'est pas bon à l'oral il faudrait qu'il soye plus désavantagé par rapport à suila qu'est bon à l'oral ?

Je pose la question.

Moi par exemple sans aller chercher plus loin, je suis pas plus bon à l'oral qu'à l'écrit vu que je suis mauvais partout.

Pourquoi faudrait que je soye désavantagé ?

Qu'est ce que j'ai de moins que ceux qu'ont plus que moi ? Je pose aussi la question. C'est pas juste.

Je remercie d'ailleurs suila qu'a eu le courage et que je suis poli de dire le courage parce que je vais quand même pas dire les couilles à même pas huit heures du matin, qu'a eu le courage donc de me mettre à la place que j'occupe en ce moment sur la radio nationale où que je cause présentement.

Parce que que je soye pas bon à l'écrit, c'est certain, vu que quand j'écris sur mon ordinateur il arrête pas de souligner tout en rouge dès que je mets un mot devant l'autre que c'en est même vexatoire vu que j'ai l'impression d'être un mauvais élève ni plus ni moins alors que je me debrouille pas plus mal qu'un autre dans la vie. C'est vrai, pour qui qui se prend mon ordinateur à vouloir me corriger tout le temps alors que je l'ai payé qu'il a rien à dire. Je paye mes impôts. Pourquoi que je causerais pas pour dire tout qu'est ce que je pense ?

Avant, chsais pas si vous vous souvenez à l'heure que je suis là en ce moment pour causer y avait Philippe Meyer. Faut voir les entourloupes qui faisaient, les salamalecs, les enluminures on n'y comprenait rien. Il causait en subjonctif, il disait matutinal je sais pas quoi on n'y comprenait quouick. Alors que aujourdhui, les gens ils sont contents, même suila qu'a pas fait d'études, parceque moi j'ai peut-être des défauts, c'est possible qui qu'en a pas ?, mais au moins je complexe personne avec mon vocabulaire.

Et ça c'est valabe à l'heure actuelle parce que il faut décomplexer. Comme il dit le président il faut décomplexer par exemple ceux qui gagnent de l'argent. Il a raison ! Moi j'avais jamais trop remarqué qu'ils étaient complexés ceux qui gagnaient des pépètes mais c'est possible moi, question politique, je suis pas un cador. Mais c'est pas parceque sous prétexte que j'y connais rien que j'aurais pas le droit d'en parler.

C'est pour ça que le président qu'on a maintenant, je dis chapeau, il dit des trucs simples et qu'on comprend. Il fait pas des phrases à t'embobiner comme avant, les autres présidents. Avant les présidents de la République, ils se la pétaient faut voir comme. Je suis sur que quand qu'il était au lit avec la princesse le grand chauve de l'académie qui dit tout le temps que dans le temps il a été président (c'est possible je suis pas été verifié parce qu'en histoire géographie c'est pas trop ma matière non pus), je suis sur qu'il faisait des baises-mains et des manières comme on fait dans la haute.

Alors qu'à ce niveau-là tu dis juste : « Bonjour Princesse, je m'excuse mais je suis président de la France, t'es gentille tu baisses ta culotte ! » La princesse elle obtempère. Toute lady di qu'elle est. Elle obtempère ! Elle obtempère ! Je suis peut-être pas Maître Capello mais il y a quand même des mots que je connais.

Voilà qu'est ce que je voulais dire ce matin sur le livre à de Closets. Achetez le ou même l'achetez pas vu que je vous ai dit en gros de quoi qu'il retournait.

Donc d'accord pour simplifier l'écrit mais aussi pour simplifier l'oral, que comme ça, personne il sera baisé.

Je vous remercie de votre attention.

5

Que la montagne est belle

2 octobre 2009

Je ne suis sans doute pas un spécialiste de la chose politique mais il y a quand même un phénomène que je ne comprends pas en France, c'est pourquoi il reste des citoyens qui ne sont pas sarkozistes.

Oui, car, croyez-moi si vous voulez, il demeure dans notre pays, contre toute raison cohérente, des citoyens extrêmement critiques vis-à-vis de la politique menée par le président de la République.

J'aimerais qu'on m'explique pourquoi.

J'ai même entendu, encore récemment, des commentaires parfois assez virulents sur la majorité qui est actuellement aux affaires. J'aimerais qu'on m'explique. J'aimerais savoir pourquoi certains se permettent de faire preuve d'une telle mauvaise foi, d'un tel acharnement vis-à-vis de cette majorité qui, au contraire, fait tout pour que nous vivions dans la félicité et la sérénité d'une France à nouveau réunie avec elle-même, une France rassemblée, une France harmonieuse, une France qui se promène libre et heureuse dans les rues de l'espoir et de la réconciliation enfin retrouvés.

N'y a-t-il pas chez ces professionnels de la critique,

chez ces spécialistes du désordre et de la discorde, un entêtement fâcheux ? Une obstination coupable ?

Je veux bien qu'on soit de gauche, pourquoi pas ? Moi-même, je me suis procuré dans les années 1964-1965, excusez-moi de ne pas être tout à fait précis, un 45-tours de M. Ferrat intitulé *La Montagne* (« Pourtant que la montagne est belle Comment peut-on s'imaginer ? Quand on voit un vol d'hirondelles Que le printemps vient d'arriver… »).

Vous reconnaîtrez par là que je ne suis nullement sectaire, nullement intolérant puisque je suis capable d'apprécier le talent quand il vient du camp d'en face, même si à mon avis la sortie de ce 45-tours est à mes yeux le tout dernier soubresaut positif, l'ultime fulgurance un peu créatrice de la gauche française.

Je veux bien qu'on soit de gauche, disais-je à contrecœur, eh bien, le président a du Kouchner, du Hirsch, du Fadela Amara.

Je veux bien qu'on soit extrêmement à droite ! Au contraire ! Eh bien, le président a du de Villiers.

Je veux bien qu'entre les deux, on soit de droite. Le président a du Hortefeux, du Devedjian, du Darcos.

Du centre, il y en a aussi. Du Hervé Morin, du Cavada, du Santini.

On a de tout !

Du patrimonial avec Mitterrand, de la belle Sénégalaise avec Rama Yade, du méchant traître avec Besson, de l'éthylique sympatoche avec Borloo, de tout on a, qu'est-ce que vous voulez de plus ?

On me dira, ce n'est pas une majorité, c'est une soupe, peut-être mais c'est une soupe populaire.

On me dira, ce n'est pas une majorité, c'est les Galeries Lafayette. Et alors : on trouve de tout.

Vous voulez qu'on libère Polanski sur-le-champ sans discuter ? On vous sort le ministre de la Culture.

Vous voulez qu'on renvoie Polanski aux États-Unis pour qu'il se fasse condamner pour un crime imprescriptible ? On vous sort du vice-président UMP de l'Assemblée nationale, Marc Laffineur, de l'ex-porte-parole UMP Chantal Brunel. On a de tout, je vous dis !

Vous voulez de l'écologie, on vous fait un Grenelle.

Vous êtes pour la chasse, on vous sort Frédéric Nihous.

On s'en fout. On a de tout. Du catho, du facho, du Mao, de l'ancien coco.

Qu'est-ce qu'il vous faut de plus ?

Alors franchement, un peu de reconnaissance, un peu de gratitude, un peu de justice vis-à-vis de cet élan nouveau qui conduit le peuple français vers une réconciliation et la fraternité générale.

Si vous n'êtes pas sur le banc des accusés de l'affaire Clearstream, franchement vous n'avez aucune raison d'en vouloir au président.

Allons, ce matin, moi-même, enivré par l'élan d'enthousiasme qui entraîne tout le beau peuple de France, j'ai le cœur à gauche et la tête dans les sommets.

> *Pourtant que la montagne est belle*
> *Comment peut-on s'imaginer*
> *Quand on voit un vol d'hirondelles*
> *Que le printemps vient d'arriver...*

6

Aux élèves de Créteil
9 octobre 2009

Ma chronique d'aujourd'hui ne s'adresse qu'à une partie de la population française. Je vous le dis tout de suite, afin que personne ne puisse perdre un temps précieux en ce vendredi matin, si vous avez moins de treize ans et plus de dix-neuf ans, vous pouvez aller immédiatement voir ce qui se passe chez la concurrence.

Si vous habitez le Massif central ou la Basse-Normandie, le Poitou ou la région Paca, il est également inutile que vous restiez à l'écoute. Je vous en prie, vous dégagez le terrain, je n'ai pas, moi non plus, à perdre mon temps en m'adressant à des personnes qui ne sont pas concernées par ce que je vais dire. Je vous fais remarquer par ailleurs qu'à huit heures moins cinq les dents ne sont toujours pas brossées et qu'il reste pas mal de miettes sur la table de la cuisine…

En revanche, si vous habitez la région parisienne, cette chronique peut s'adresser directement à vous.

Pas toute la région parisienne, si vous habitez Paris intra-muros, les Yvelines ou le Val-d'Oise, il est inutile que vous perdiez votre temps à rester branché sur France Inter puisque je m'adresse spécialement à certains habitants du Val-de-Marne qui se situent donc dans une fourchette d'âge comprise entre treize ans pour les plus précoces et dix-neuf ans pour les attardés.

Si vous n'êtes pas de Créteil et que vous fréquentez un lycée d'enseignement général, vous pouvez également passer votre chemin puisque, aujourd'hui, je m'adresse uniquement aux élèves des lycées professionnels qui dans l'académie de Créteil font l'objet d'une expérience particulièrement enthousiasmante. Le haut-commissariat à la Jeunesse a décidé en effet de récompenser les élèves assidus en proposant une somme de 10 000 euros par classe et par an.

Grâce à cette expérience, il est désormais indiscutable qu'on ne va plus au lycée pour sa formation personnelle ou son enrichissement intellectuel, ces vieilles lunes rétrogrades. Non, le pèze, le flouse, la fraîche, les picaillons deviennent les objectifs essentiels du nouveau système éducatif.

Qu'est-ce que l'on dit devant une salle de spectacle programmant un concert de Didier Barbelivien, une salle des fêtes accueillant un concours de plus gros mangeur de boudins ou devant un lycée professionnel ?

Demorand, qu'est-ce que l'on dit ? Vous n'écoutez pas… Vous avez la tête ailleurs. On dit, notez-le sur votre cahier de textes, je vous interrogerai la semaine prochaine, on dit : « Moi, il faudrait me payer pour y aller ! »

Donc, aujourd'hui, on paye pour aller au lycée professionnel, pourquoi ne rémunère-t-on pas les malheureux qui assistent aux foires au boudin ou aux concerts de Didier Barbelivien ? Je pose la question et reviens à mon sujet.

Élèves des lycées professionnels de Créteil, il est temps de vous organiser. On vous a dit que les classes les plus assidues seront récompensées. Observez qu'on ne réclame pas de vous une assiduité parfaite. Décidez en assemblée générale que chaque élève de lycée professionnel ne devra pas fréquenter son établissement plus de trois fois par semaine. Deux jours de vacances obligatoires vous consoleront de devoir être assidus les jours pendant lesquels vous serez requis afin de pouvoir toucher le pactole.

Pendant ces jours d'assiduité, débrouillez-vous pour vous occuper utilement. Venez au lycée avec de la musique, des jeux, des canettes de bière, mettez en sachets le shit que vous avez à revendre, occupez-vous ! On vous paye pour être assidus, pas pour être attentifs. Si ces messieurs dames du haut-commissariat à la Jeunesse veulent en plus que vous soyez studieux, alors qu'ils proposent une rémunération. Il n'y a aucune raison d'accepter gratuitement des obligations aussi contraignantes.

Voilà ce que j'avais à dire. L'auditorat des moins de treize ans, des plus de dix-neuf et plus généralement de tous ceux qui ne sont pas aux lycées professionnels de Créteil peut réintégrer l'écoute.

J'ai le regret de signaler qu'à huit heures moins deux les dents ne sont toujours pas brossées et qu'il reste des miettes sur la table de la cuisine.

7

Éric Bessonnait

16 octobre 2009

On est en juin 40.

Il fait doux.

Un dimanche de printemps paisible avec des oiseaux qui chantent et des enfants qui jouent dans le grand parc arboré. On est en juin 40, M. Besson est sous son plaid, il regarde ses vieux chênes. L'infirmière s'approche pour verser dans la tasse de M. Besson un peu de camomille.

« Vous n'avez pas froid, monsieur Besson ? s'inquiète l'infirmière.

— Non, répond le vieux monsieur, le printemps est si beau. »

L'infirmière, attendrie, regarde le vieil homme de quatre-vingt-deux ans. Nous sommes en juin 2040. Dans le journal ouvert sur ses genoux, on rend hommage à l'appel que fit un général il y a un siècle…

« Pépère, c'était quoi, résistant ? demande l'enfant au vieux monsieur.

— Eh bien, tu vois, Jean-Claude, être résistant… »

Oui, en 2040, les garçons s'appellent Gérard ou Jean-Claude. Les petites filles sont des Monique et des Élisabeth. Comme la roue de la vie, tourne la mode des prénoms.

« Eh bien, tu vois, Jean-Claude, être résistant, reprend le vieux monsieur, c'est être capable de dire non. Même à l'État français quand la parole de ses représentants ne semble plus légitime…

— D'accord, mais alors, demande le petit Gérard, les résistants, ils étaient de gauche ou de droite ?

— Il y a eu des résistants de gauche et des résistants de droite.

— Ah d'accord, et toi, pépère, tu étais de gauche ou de droite ? »

Le vieux monsieur s'est mis à tousser. Une grosse quinte de toux…

« Allez jouer, les enfants, intervient l'infirmière, il ne faut pas fatiguer votre grand-père.

— Laissez, dit Éric Besson, reprenant son souffle, c'est si bon de parler avec eux. »

C'est un dimanche de printemps. Au loin on entend la télévision. Michel Drucker, à quatre-vingt-dix-huit ans, présente toujours « Vivement dimanche ! ». Les canapés rouges avec le temps se sont un peu décolorés. Jean Sarkozy est l'invité du jour. Il revient à cinquante-quatre ans sur sa carrière politique si admirable…

« Eh, grand-père, les messieurs dames qui au début du siècle accueillaient des sans-papiers, demande la petite Monique, jolie comme un cœur et délurée comme pas deux, par exemple, c'étaient des résistants ?

— Non, ça n'a rien à voir…, s'énerve le vieil homme.

— Parce qu'eux aussi ils disaient non à l'État…

— Non, ça n'a rien à voir. »

Tout d'un coup, la petite Élisabeth, la plus timide, prend la parole. Elle a les joues toutes rouges. On ne sait pas si c'est de peur ou de colère.

« Mémère Sylvie, elle dit que tu étais dans une équipe et que tu en as changé en plein milieu. Elle dit que c'est pas bien. Elle dit aussi que tu es un félon, que tu voulais être le chef et que tu croyais en rien. Elle dit que tu es un Judas et aussi elle dit… »

L'infirmière intervient : « Ça suffit, les enfants ! Allez jouer ! Votre grand-père est fatigué. »

Le vieil homme reste immobile et regarde le ciel.

« Qu'est-ce que j'ai à transmettre ? En quoi ai-je cru ? Qu'est-ce qui restera de mon passage sur terre ? »

De son passage sur terre, il restera un mot. Le verbe « ericbessonner » que l'on emploie régulièrement à la place du verbe « trahir ». J'ericbessonne, tu ericbessonnes, il ericbessonne… Ça afflige quand même un peu le vieil homme que, dans le langage courant, un « ericbesson » soit devenu si naturellement synonyme de « traître », de « déloyal », de « renégat ».

C'est triste, un vieillard qui se met à pleurer tout seul.

« Allons, monsieur Éric, qu'est-ce qui ne va pas ? demande l'infirmière. Faut pas vous démoraliser comme ça… Tenez, donnez-moi le bras, on va rentrer… Vous voulez que je mette la télévision plus fort ? »

Dans le téléviseur, la conversation bat son plein sur les canapés devenus rosés.

« Jean Sarkozy, ce n'est pas ericbessonner un secret que de dire que je connaissais bien votre papa ? Je voulais vous poser une question : Vous êtes comme lui ? Vous aimez les chiens ? »

8

Le chien de l'Élysée

23 octobre 2009

Passant l'autre matin faubourg Saint-Honoré, je fus surpris de constater qu'au 55 de la rue, juste devant le palais de l'Élysée, une niche avait été installée. Une vraie niche, même pas fiscale, une petite niche en bois huilé, avec un toit en pente et, devant, un piquet d'attache, afin que les jours de grand soleil Toutou puisse profiter du plein air. Ça m'a quand même un peu surpris. Juste devant le palais de l'Élysée… D'autant que, pour le gardiennage, il y a déjà la gendarmerie et le commandement militaire, une cinquantaine de personnes réunies dans le GSPR, groupe de sécurité de la présidence de la République… Alors, un chien même méchant devant une aussi grande bâtisse, ça me paraissait un peu dérisoire…

Je me suis dit que ça devait être un plan com'. C'est vrai. On peut dire ce que l'on veut du pouvoir actuel, on peut critiquer à peu près tout, mais en plan com', ils sont indépassables… Une idée de Séguéla sans doute : installer une niche devant l'Élysée, en association avec la SPA et la Fondation Brigitte Bardot afin de sensibiliser la population française à la souffrance de la population canine. C'était possible.

J'en étais là de mes déductions réflexives quand est sorti du palais de l'Élysée un groupe de journalistes sans doute venus assister à la chorégraphie des voitures de fonction des différents ministères qui crissent sur les graviers de la cour intérieure, et tout d'un coup, avec une férocité insoupçonnée, le chien s'est mis à aboyer. Une force quasi incontrôlée. C'était impressionnant. De sauvagerie, de cruauté. Un aboiement comme je n'en avais jamais entendu, terrorisant, bestial. Je me suis dit, apeuré, que c'était quand même incroyable d'avoir fait voter il y a quelques mois une loi contre les pit-bulls et les rottweillers pour en poster un juste devant le palais de l'Élysée. Et c'est en m'approchant, non sans une certaine témérité qui m'a valu l'admiration des quelques badauds affolés qui détalaient comme si une sirène venait d'annoncer une descente de Panzers sur les principales artères de la capitale française, comme si une Blitzkrieg avait brutalement été décidée pour éradiquer je ne sais quel ennemi intérieur (la panique était à son comble, l'effroi, l'épouvante se lisaient sur les visages déformés par des tremblements frénétiques), que je me suis aperçu que la niche était occupée par Frédéric Lefebvre...

Sans doute est-ce l'approche des journalistes qui avait mis Frédéric dans un état pareil. Lorsque les journalistes se sont éloignés, il est retourné dans sa niche, comme si de rien n'était.

C'est vrai que les journalistes sont assez agaçants à critiquer tout le temps. Ils n'arrêtent pas de dire du mal. C'est vrai que s'ils ne disaient rien du chômage qui augmente, du budget de l'État qui connaît un déficit inégalé, du bouclier fiscal qui exonère les plus aisés au détriment de tous les autres, de la nomination extravagante du fils Sarkozy à la tête de l'EPAD, l'atmosphère politique de ces dernières semaines n'aurait pas été aussi polluée.

Certains veulent faire piquer Frédéric Lefebvre. Ça peut être une bonne idée. Non pas pour le supprimer. Pour l'immuniser contre la grippe. Dans sa niche présidentielle, l'hiver risque d'être long et froid.

9

Le grand Grégory

30 octobre 2009

L'avantage de se retrouver derrière un micro, c'est qu'on peut tout rêver, tout imaginer…

Imaginer que le 16 octobre 1984, à Lépanges-sur-Vologne, il ne s'est rien passé. À peu près rien…

Un banquet des chasseurs à la salle des fêtes. Un verre de l'amitié pour accueillir le nouveau curé à la salle paroissiale. Un voyage en car organisé pour aller voir Annie Cordy de passage à Remiremont. Imaginer qu'à peu près personne en France n'a jamais entendu parler de Lépanges-sur-Vologne sauf les habitants de Lépanges-sur-Vologne et mon voisin Alex qui connaît ses Vosges sur le bout des doigts.

Imaginer que, le 16 octobre 1984, un petit garçon prénommé Grégory au bord de la Vologne jouait au pirate, au corsaire, faisant d'une bassine en plastique rouge et percée un splendide galion parcourant les mers déchaînées, puis d'une cordelette un lasso pour capturer les chevaux sauvages qui courent en liberté dans les cerveaux fertiles des enfants qui s'amusent. Imaginer que le petit Grégory ait entendu du bruit, ait pris peur, soit rentré dans sa maison à toute vitesse, montant l'escalier, se cachant sous l'édredon, le nez plein de morve, les yeux pleins de larmes. « A peur Guégohi… »

Imaginer que le petit Grégory soit devenu Greg, Grego pour les copains. Imaginer aussi que, dans les conversations de filles, on parle volontiers de l'« affaire Grégory » tant ses ardeurs amoureuses sont devenues légendaires.

Imaginer qu'il a aujourd'hui vingt-neuf ans, des projets de mariage avec Christelle, une étudiante en droit rencontrée à la fac de Nancy… Imaginer qu'en caressant le ventre rebondi de Christelle enceinte de huit mois il pense à ce jour d'automne où il avait pris peur sans raison semble-t-il, une panique d'enfance tellement profonde, un sentiment désagréable comme s'il était passé tout près du cauchemar, de la vie qui bascule dans l'horreur, dans l'effroi. Depuis ce jour, Grégory n'avait jamais pu écouter « Le Petit Poucet ». Trop d'émotions, trop de frousse. L'ogre lui paraissait si familier, si proche, si intime…

L'avantage de se retrouver derrière un micro, derrière une caméra, devant une feuille blanche, c'est qu'on peut tout rêver, tout imaginer. On peut faire revivre les morts, on peut aussi, si on veut, faire mourir les vivants. On n'est pas obligé de vivre sous la dictature de la réalité, la tyrannie du réel. La chronique de sept heures cinquante-trois, c'est celle où l'on a le droit de tout inventer…

— Nicolas Sarkozy vient de démissionner, dans une courte déclaration il s'est excusé de son arrogance et de son cynisme.

— La gauche socialiste vient de présenter un projet cohérent, novateur et original. Après des années de tergiversations, elle a notamment décidé de s'attaquer aux inégalités sociales.

— Jacques Chirac vient de passer sa première nuit en prison. Il retrouve ainsi l'agrément d'être logé aux frais de l'État.

— Juifs et Palestiniens viennent de signer un traité de paix définitive.

— La peine de mort est interdite sur toute la planète.

— En remplacement de Nicolas Demorand, Alain Le Gouguec réussit à imposer au 7-10 de France Inter la « bigouden attitude », les journalistes tenus d'arriver en costumes traditionnels bretons. Les femmes de la rédaction se plaignent de leurs coiffes jugées trop encombrantes.

Et, quelque part en Lorraine, Christelle vient de donner naissance à une petite Léa. Son père Grégory est fou de joie. Les grands-parents Christine et Jean-Marie sont venus à la clinique avec leur caméscope.

Léa mesure quarante-neuf centimètres et pèse deux kilos sept cent cinquante grammes.

Devant elle, elle a l'avenir.

10

Le gros emprunt

6 novembre 2009

L'économie, je n'y comprends rien. Pourtant, je lis les journaux, je m'intéresse… Quelquefois même, je briffe un peu Philippe Lefébure quand il a des difficultés à comprendre des points un peu complexes. Mais même pour moi, l'économie, c'est trop fort…

Hier matin, je suis allé à ma banque.

« Bonjour monsieur mon banquier, j'ai dit à mon banquier, je viens au sujet de mon découvert…

— Vous avez bien fait, a répondu mon banquier, de toute façon, j'allais vous appeler… »

Oui, j'ai un gros découvert. C'est normal, je ne fréquente que des gens pétés de thunes. Je ne le fais pas spécialement exprès mais, dans mon milieu, il y a pas mal de flambeurs. Didier Porte par exemple fait partie des trois mille Français ayant un compte en Suisse épinglés par Bercy. C'est vrai. C'est Nicolas Demorand qui me l'a dit.

Donc, avec mon banquier, la conversation commençait bien, j'ai enchaîné.

« Voilà, c'est aussi au sujet de mon emprunt que je viens vous voir. Mon emprunt, mon découvert… Je me suis dit : tiens deux bonnes raisons d'aller voir mon banquier.

— Vous avez bien fait, a confirmé mon banquier en tapotant sur son clavier, c'est vrai que vous avez déjà un gros emprunt, avec le gros découvert que vous avez, vous avez bien fait de venir me voir pour trouver une solution pour le remboursement de votre emprunt…

— Ah non, que je lui réponds, voyant qu'il se fourvoyait, je ne viens pas pour le précédent emprunt que je n'arrive pas à rembourser, mais pour le prochain emprunt que je compte contracter dès aujourd'hui…

— Le prochain emprunt ? qu'il a répété, quittant son ordinateur pour poser deux gros yeux déconcertés sur ma personne.

— Oui, vu que je n'arrive pas à rembourser mon précédent emprunt qui m'occasionne des agios et des découverts, je me suis dit que le mieux, c'était encore de vous demander un nouvel emprunt beaucoup plus important que le premier, ce qui me permettra de rembourser facilement mon premier emprunt grâce à l'obtention du second emprunt que vous allez m'accorder…

— Je suppose, a dit mon banquier, me couvrant d'un regard légèrement abattu, que vous avez des projets bien précis d'achats d'importance pour venir me réclamer un nouvel emprunt dans la situation déjà très critique que vous connaissez…

— Ah, pour être tout à fait franc, que je lui ai répondu, pas du tout. Mais j'ai deux voisins, Juppard et Roquet, deux petits vieux pas méchants mais un peu désœuvrés, il y en a un qui est de gauche et l'autre de droite. Ils sont d'accord pour me faire des propositions pour dépenser encore plus d'argent… Sûrement que celui de droite va vouloir que je change de voiture, celui de gauche va probablement m'encourager à refaire la cuisine afin d'y améliorer les conditions de travail de mon personnel. Oui, c'est comme ça que j'appelle ma femme. À moins que celui de gauche m'invite à faire un effort concernant l'argent de poche de mes enfants et que celui de droite me conseille plutôt de refaire toutes les huisseries de la maison afin de valoriser mon petit patrimoine... Enfin, comme je vous dis, pour le moment, je n'ai pas trop d'idées, je ne sais pas encore très bien ce que je vais faire de votre emprunt, mais ce qui est sûr, c'est que je veux le maximum pour pouvoir faire la fiesta avec Demorand et Didier Porte qui tous les soirs ont table ouverte au Zébra Square, 3, place Clément-Ader, payant des tournées de mojitos jusqu'à des pas d'heure ! Enfin pas d'heure pour Demorand c'est dix-huit heures quarante-cinq, vu qu'à vingt-heures trente, juste après *Plus belle la vie*, il est déjà sous la couette. »

J'étais sûr qu'en donnant des détails aussi crous-tillants sur une grosse vedette des médias, j'allais me mettre immédiatement mon banquier dans la poche. Eh bien, croyez-moi si vous voulez, j'ai été jeté mal-proprement de ma banque. Mon banquier, un type pourtant tout ce qu'il y a de plus sérieux, c'est un militant UMP... Le dimanche, sur le marché, il ne perd jamais une occasion de distribuer des tracts en faveur du président de la République... Je pensais au moins qu'il allait m'être reconnaissant de m'inspirer de son idole, allait me féliciter de tenter d'imiter à ma modeste mesure un modèle si illustre...

Pas du tout. Il m'a mis à la porte en disant que je n'avais aucun intérêt à ses yeux vu que déjà tous mes biens étaient hypothéqués. Il a dit que j'étais un écervelé, un profiteur, un communiste.

C'est pour ça : l'économie, ça m'intéresse, je lis les journaux, mais pour moi c'est trop fort. Je n'y comprends rien.

11

Journée internationale de la gentillesse
13 novembre 2009

Aujourd'hui est une journée un peu spéciale. Vous l'avez peut-être remarqué si vous avez déjà eu l'occasion de mettre le nez dehors, l'air semble plus doux, l'atmosphère plus légère, les gens croisés dans la rue paraissent plus souriants, plus attentionnés, plus décontractés. Ce matin, un monsieur délicat vous a tenu la porte avant de vous laisser passer. Un autre, sans raison, vous a souri. Au volant, tandis que vous avez, malgré vous, refusé une priorité à un poids lourd, vous avez entendu le camionneur vous lancer : « Ce n'est pas grave, ne vous inquiétez pas, ça arrive à tout le monde… – Non, non, excusez-moi, avez-vous répondu, je suis vraiment désolé… – Je vous en prie, a repris le camionneur, moi-même j'ai débouché un peu rapidement. Je vous prie de m'excuser. Bonne journée, vous a-t-il souhaité. – Bonne journée à vous aussi ! » avez-vous répondu dans un large sourire… Peut-être vous êtes-vous échangé vos numéros de téléphone afin d'organiser un petit barbecue ou une soirée raclette un des soirs prochains entre nouveaux amis. Oui, c'est qu'aujourd'hui, 13 novembre, apparaît comme une date résolument à part. C'est qu'aujourd'hui nous célébrons la Journée internationale de la gentillesse. Une initiative formidable lancée par les Japonais en l'an 2000.

(*Nicolas Demorand fait une relance :* Une initiative, François, qui fête donc sa dixième année…)

Euh oui… Si elle a été créée en l'an 2000 comme je viens de le dire et que nous sommes en 2009, oui, sûrement que ça fait dix ans. Écoutez, Demorand, je veux bien être gentil, vous faites votre boulot comme vous voulez, si vous tenez absolument à faire des relances pour que ça fasse plus vivant comme vous dites, je ne suis pas contre mais c'est bien si ça fait un peu avancer le débat… « Une initiative qui fête donc sa dixième année. » Je venais de dire qu'elle avait été lancée en 2000… Pour un gars qui a commencé sur France Culture, c'est la dégringolade. Vous continuez avec des fulgurances de ce genre, l'année prochaine vous allez vous retrouver sur Rire et Chansons… Je suis désolé…

Donc comme je le disais avant d'être grossièrement interrompu par Demorand, c'est une initiative lancée en 2000. Voilà. Vous ne le saviez pas. Eh bien, maintenant vous le savez… Qu'est-ce que vous voulez que je vous dise ? Si vous ne vous intéressez à rien, ce n'est pas ma faute. Il y a eu je ne sais pas combien d'articles dans les journaux, on en a parlé à la radio, à la télévision, c'est quand même pas si compliqué d'être un minimum informé. Seulement voilà, il faut faire un petit effort. Ça évidemment, ce n'est pas en passant des heures sur des jeux vidéo à la con que vous allez être renseigné. Donc si je n'étais pas là pour vous le dire, vous ne seriez au courant de rien. Alors je le répète, tas d'ignorants, nous célébrons aujourd'hui la Journée internationale de la gentillesse. Comment faut vous le dire ? Donc, c'est la journée où on va s'obliger à faire des gentillesses. C'est si compliqué ? On vous demande d'être gentil pendant vingt-quatre heures, ce n'est quand même pas la mer à boire. Ce matin, comme l'a suggéré le directeur du magazine *Psychologies*, j'ai apporté le petit déjeuner au lit à ma femme qui m'a engueulé. « T'es pas cinglé de m'apporter le petit déjeuner à six heures du matin ? – Et alors, feignasse, je te signale que c'est la Journée de la gentillesse, tu sais ce que c'est la gentillesse, succube ? C'est quand même pas ma faute si ça tombe juste le jour où je dois faire ma chronique de sept heures cinquante-trois sur France Inter. Tu crois que ça me fait plaisir moi de me lever à six heures du matin au lieu de faire la grasse matinée comme tous les parasites de la société ? » Mon fils est arrivé, effrayé… « Papa, pourquoi tu fais ta grosse voix ? – Qu'est-ce qu'il a le môme, c'est quand même pas lui qui va faire la loi ! Tiens, j'avais acheté un bouquet de fleurs pour que tu le donnes à ton institutrice, voilà ce que j'en fais, de son bouquet de fleurs. Ça lui apprendra peut-être à nous prévenir un peu à l'avance la prochaine fois qu'elle fera grève. Non mais, sans blague ! »

Bon, qu'est-ce que je disais ? L'initiative est partie du Japon en 2000. Oui, Demorand, l'année prochaine, ça fera onze ans. Et l'année prochaine, Demorand, vous pourrez l'écouter sur Rire et Chansons. Remarquez que vous ne serez pas dépaysé vu que ça fait des années qu'on vous prépare à Rire et Chansons grâce aux pubs de la Matmut.

Bon, à la semaine prochaine, parce que la semaine prochaine, que ça vous plaise ou non, je reviens. Je suis vraiment trop gentil…

12

Pourquoi faites-vous l'amour ?

19 novembre 2009

Pourquoi faites-vous l'amour ? Non, pas forcément là en ce moment mais d'une manière générale, pourquoi faites-vous l'amour ? Pourquoi jouez-vous à la bête à deux dos ?

Pourquoi faites-vous la guerre ? Non, pas forcément là en ce moment mais d'une manière générale, pourquoi faites-vous la guerre ? C'est assez simple : pour agrandir vos territoires, pour affirmer votre puissance, d'accord, mais pourquoi faites-vous l'amour ?

Si je vous pose la question, ce n'est pas forcément par indiscrétion mais pour approfondir une étude récente.

Deux psychologues de l'université du Texas ont fait une enquête auprès de deux mille personnes pour connaître les raisons qu'elles avaient de faire l'amour. De ce travail de recherche, il résulte qu'il existe 237 raisons référencées de faire l'amour.

237.

Les réponses sont souvent inattendues, étonnantes. On peut faire l'amour par pitié : « Elle est trop moche, il est trop con, apportons-lui un peu de plaisir… », par ennui : « Il n'y a rien à la télé, j'ai fini mes sudokus, après tout, autant faire l'amour que de dépenser son argent au bistrot », pour avoir la paix : « D'accord, d'accord, on fait l'amour, comme ça après je finis mon tricot, mon feuilleton, mon Douglas Kennedy »...

On peut faire l'amour pour se venger, pour s'amuser, pour obtenir une promotion, pour se débarrasser d'un mal de crâne épouvantable. Oui, certains font l'amour parce qu'ils ont mal à la tête. Le fameux « Pas ce soir, chéri, j'ai la migraine » devenant par la grâce d'une indisposition transformée en heureuse opportunité : « Ce soir, chéri ! J'ai la migraine. »

Il arrive également qu'on fasse l'amour pour fêter un événement : le baptême du petit, la communion solennelle de la grande, le décès d'un oncle à héritage. On peut également faire l'amour pour obtenir un orgasme, bonne raison que l'on pourrait dire « épicurienne », pour obtenir de l'argent, autre bonne raison que l'on qualifiera de « vénale » et également, ne l'oublions pas, pour obtenir un bébé, mais oui, souvenez-vous, une raison que j'estampillerai, comme les confitures, la moutarde ou l'andouillette, de la mention « à l'ancienne ».

Il existe également des réponses plus rares. Ainsi, certains ont pu répondre qu'ils avaient fait l'amour pour des raisons mystiques. « Je voulais me sentir plus proche de Dieu », a répondu une personne sondée. On peut également faire l'amour pour des raisons plus prosaïques. Parmi les réponses singulières, une peut surprendre par sa sincérité laconique : « J'étais saoul. »

À cet instant de ma chronique, je remarque dans le regard de Nicolas Demorand un léger sourcillement dénonçant un souvenir particulièrement intime.

Évidemment, aujourd'hui si vous vous attendiez à la chronique de Didier Porte, vous avez le droit d'être déçu. Didier aujourd'hui est en congé de paternité. Il a un fils qui lui a annoncé la semaine dernière que plus tard, quand il sera grand, il voudrait devenir Édouard Balladur. Son père a décidé de prendre une semaine de vacances pour lui faire sa rééducation politique… Moi, je me suis dit que parler de la bagatelle à huit heures moins cinq, ça nous changerait les idées…

Voilà, c'était juste une invitation à ne pas mettre le nez dehors, à profiter de la chaleur domestique, et si vous avez la chance de ne pas être seul à la maison, de tenter d'inventer à votre guise une deux cent trente-huitième bonne raison de rester sous la couette.

13

Le parapluie d'Angela

20 novembre 2009

La semaine dernière, nous fêtions les vingt ans de la chute du mur de Berlin. Une image m'a troublé. Une image m'a étonné. La chancelière allemande tenait son parapluie. Ça n'a l'air de rien, mais le chef d'un des plus grands pays occidentaux est une femme qui les jours de crachin et de cérémonie officielle ne trouve pas spécialement dégradant ni déshonorant de tenir son parapluie afin de ne pas gâcher sa mise en plis et risquer d'attraper une bronchite. Ça n'a l'air de rien mais vous remarquerez que le président de la République française, lui, ne tient jamais son parapluie. Derrière lui, légèrement en retrait, la mine obséquieuse, l'air d'un premier de la classe, il y a toujours un grand con qui trouve normal de lui tenir son pébroque. J'avoue que ce n'est pas très gentil de dire « un grand con » mais avouez qu'il faut quand même être « un grand con », même si on est intelligent, même si l'on a fait l'ENA, pour supporter d'avoir les cheveux trempés, de risquer d'attraper une pneumonie tout en se sentant flatté de protéger un grand con qui a la tête à l'abri et les deux mains libres. J'avoue que ce n'est pas très gentil de dire « un grand con », mais avouez qu'il faut quand même être « un grand con » (même si on est de petite taille, même si on a des talonnettes) pour trouver normal de ne pas tenir soi-même son parapluie, de ne pas penser non plus à partager son parapluie afin de se protéger tout en protégeant son voisin de la pluie qui tombe avec une belle unanimité républicaine sur les gouvernants et les gouvernés, sur les puissants et les précaires, sur les grands et les petits. Les petits qui ont juste la satisfaction de ressentir les méfaits humides de la pluie un peu plus tardivement que ceux dont la taille leur est supérieure.

Ça n'a l'air de rien mais le Français qui s'imagine volontiers libertaire, fort en gueule, critique, émancipé trouve tout à fait normal que le chef de la République s'abstienne de se protéger lui-même de la pluie. Le Français qui se fantasme définitivement comme un résistant atavique, une sorte de Jean Moulin moderne et affranchi, continue à observer avec condescendance son voisin germanique qu'il considère définitivement comme discipliné, maniable, soumis à l'autorité, un petit Goebbels étriqué.

Les conseillers en image grassement payés par l'État ont pu ces dernières années recommander au président de se montrer avec un iPod, de faire des joggings en tee-shirts amusants, de se promener à Disneyland avec un enfant sur les épaules afin de le rapprocher de ce qu'ils croient être le peuple. Aucun d'eux n'a jamais eu l'idée de débouler dans le bureau présidentiel en disant :

« Monsieur le président, désormais, je propose que vous teniez vous-même votre parapluie !

— Mon parapluie ? Mais pour quoi faire ?

— Mais pour vous protéger de la pluie comme font tous les citoyens !

— Comment ça ? Les citoyens français quand il pleut n'ont pas derrière eux un grand con pour leur tenir leur parapluie…

— Non, monsieur le président, pas de grand con, juste leur main personnelle qui tient le parapluie.

— Formidable ! Allez me chercher un parapluie ! De ce pas, je vais sortir dans les rues de Paris avec !

— Mais, monsieur le président, il fait aujourd'hui un soleil radieux !

— Eh bien, on dira que le président, indépendant comme le sont les Français, les jours de grand soleil, tient lui-même son ombrelle ! »

Mme Angela Merkel, avec le même naturel que ma mère quand elle va aux commissions, tenait son parapluie sous les averses berlinoises. Mme Angela Merkel sous son parapluie autoprotecteur me semblait avoir de la tenue. Je me disais que la prochaine fois, nous, qui sommes de gauche ou de droite mais républicains convaincus, devrions exiger de nos prochains prétendants au pouvoir suprême une seule promesse. Ne leur demandons pas de régler la question du chômage, de combler le déficit de la Sécurité sociale, de diminuer les inégalités, ils en sont incapables.

Demandons-leur simplement de tenir eux-mêmes leur parapluie. D'en faire la promesse solennelle. Nous pourrions organiser une sorte de mouvement national. Un parti pourrait être constitué. Le MPI, le Mouvement du parapluie indépendant, ou le RPI, le Rassemblement du parapluie individuel, ou le PPP, le Parti du parapluie personnel. Il faut nous organiser. Et ensemble, quand nous serons enfin débarrassés de l'insupportable arrogance de ceux qui ne se résignent pas à porter eux-mêmes leurs parapluies, nous pourrons proclamer de bon cœur : Vive les républiques ! Vive la France et vive l'Allemagne ! Vive la pluie qui rafraîchit ! Vive la pluie qui nourrit la terre ! Vive la pluie qui rend si verdoyante la Normandie ! Vive la pluie qui, comme le note si justement Olivier de Kersauson, ne mouille que les cons.

Et vive madame la chancelière allemande qui n'a besoin de personne pour protéger sa mise en plis et se défendre contre la bronchite.

14

Rentre ici, Guy Lux

27 novembre 2009

Ainsi donc, Albert Camus n'entrera pas au Panthéon. C'était une idée du président mais le fils de l'écrivain, semble-t-il, ne veut pas. Il est dommage qu'une fois de plus, le volontarisme flamboyant du chef de l'État se soit heurté au conservatisme, au conformisme, à la force des habitudes.

Comment aider le président ? Comment faire qu'une si belle idée ne soit pas perdue définitivement dans la fosse commune des serments piétinés, des promesses non tenues, des paroles envolées, des annonces avortées... ?

Faut-il lui suggérer d'envoyer par une nuit sans lune quelques hommes de main, attachés aux basses œuvres, pour un transfert des restes osseux du prix Nobel ? Faut-il faire voter une loi supplémentaire pour rendre obligatoire le transfert des cendres de quiconque dès lors que le président l'aura décidé ?

L'arrivée de Camus au Panthéon était un symbole. Alors pourquoi ne pas décider d'envoyer coûte que coûte un Camus au Panthéon ? Et si ce n'est pas Albert, envoyons Maurice, Maurice Camus qui pendant plus de trente-cinq ans, juste à l'entrée de la rocade, a dirigé un garage à La Roche-sur-Yon, Raymond Camus qui travaillait à la supérette de Moulins-la-Marche, passant allégrement et toujours avec le sourire de la caisse au rangement de la réserve, Janine Camus qui vient juste de décéder à l'âge de cent deux ans. Je signale au passage que son arrivée au Panthéon dispenserait sa famille de l'achat d'une concession coûteuse au cimetière de Saint-Philbert-de-Grand-Lieu et, si son transfert devait avoir lieu prochainement, autant le décider le plus rapidement possible afin de ne pas contraindre sa famille à des frais inutiles. Pourquoi ne pas faire entrer au Panthéon Jean-Claude Camus, le manager de Johnny Hallyday ? On me fera remarquer que Jean-Claude Camus n'est pas mort. Je répondrai qu'en ces temps difficiles où chaque Français doit faire corps avec sa patrie, il n'est pas l'heure de s'encombrer de considérations négligeables.

Si l'idée de mettre un autre Camus qu'Albert au Panthéon ne paraît pas satisfaisante, alors trouvons d'autres symboles, d'autres images emblématiques du génie français.

Il faudrait, par souci démocratique, créer une commission chargée de faire un sondage auprès des morts afin de savoir quels sont ceux qui accepteraient le transfert de leurs cendres. Je propose naturellement que la commission soit dirigée par Jean Tiberi et sa femme Xavière qui, depuis longtemps, sont particulièrement sensibilisés aux voix des personnes décédées.

Chaque Français pourrait également suggérer des panthéonisables. Des grands morts, il y en a des tas. Il n'y a qu'à se baisser. On en trouve à pelletées dans tous les cimetières de France.

Pour ma part, en ces temps modernes et médiatiques, je pense que l'entrée de Guy Lux au Panthéon serait une bonne chose, « serait un signal fort », comme on dit aujourd'hui pour valoriser une certaine idée de la France, celle du Palmarès des chansons et d'Intervilles, celle de La Classe et de Jeux sans Frontières. Guy Lux, bien plus qu'Albert Camus, me semble proche de la philosophie du chef de l'État actuel. Car le grand maître de la culture populaire que fut Guy Lux ne chercha jamais dans aucune de ses émissions à rendre accessible *La Princesse de Clèves*. Au contraire, avec une obstination jamais démentie, il aura mis en avant le jeu, l'esprit de compétition et la saine rigolade. Il aura été le parangon, l'inspirateur de tous les grands penseurs actuels, de Mireille Mathieu à Didier Barbe-livien, d'Enrico Macias à Gilbert Montagné, d'Arthur à Steevy…

Ah ! l'entrée de Guy Lux au Panthéon, ça aurait de la gueule.

« Rentre ici, Guy Lux, avec ton cortège de vachettes, de ring-parades et de coups de chapeau à Dalida. »

Bon, avant de prendre une décision, il faut quand même réfléchir. Réfléchir avant de prendre une déci-sion… Voilà… afin que les effets d'annonce ne fassent pas figure de politique…

Pendant ce temps-là, loin des disputes stériles, des agitations inutiles, le soleil provençal, avec bien-veillance, caresse les tombes du cimetière de Lourma-rin. Le soleil qui brille indifféremment sur chacune des tombes ne sait pas que sous l'une d'entre elles repose un homme qui, depuis longtemps, est entré dans le Panthéon intime de nombre de gens, citoyens, lec-teurs, femmes et hommes de bien, qui n'ont besoin de personne pour qu'on leur édicte leur admiration, leur reconnaissance éternelle.

15

La couille molle du vendredi

4 décembre 2009

Vous avez remarqué le soulagement depuis deux jours ? Je veux dire le soulagement des gens du pouvoir. Ça fait deux jours qu'on respire à l'Élysée, à Matignon, dans tous les ministères, même dans tous les partis politiques.

Ben oui : ça fait deux jours que Stéphane Guillon, celui dont la verve risque de déstabiliser la République, n'est pas à l'antenne. Le lundi, le mardi, le mercredi, les décideurs sont à cran... Ils sont angoissés, paniqués. Ils fouettent...

Le jeudi, le vendredi, avec les deux couilles molles de Porte et Morel, ils sont tranquilles...

C'est Stéphane qui l'a dit dans une émission de Canal Plus : « Comme moi j'y vais le lundi, le mardi, le mercredi, souvent les politiques viennent maintenant le jeudi, le vendredi. Ils sont plus libres en fin de semaine. »

C'est vrai. En début de semaine, les invités politiques ne viennent plus à France Inter. Ils ont trop les foies... J'en ai la preuve : j'ai regardé les invités du mois de novembre par exemple... En début de semaine, les lundis, les mardis, les mercredis, Nicolas

Demorand a dû se rabattre sur des seconds couteaux qui acceptaient de venir ici au risque de se faire piétiner par Stéphane pour tenter d'obtenir une petite notoriété. Je vous donne la liste des invités, leurs noms ne vous diront pas grand-chose… Hervé Morin, Vincent Peillon, François Bayrou, Éric Besson, Ségolène Royal, Luc Chatel, Bernard Kouchner, Dominique Voynet, François Hollande… Que des figurants, des doublures, des remplaçants, des sous-fifres…

En fin de semaine, les jeudis, les vendredis, on n'a eu que du lourd, que des gens terrorisés à l'idée de se retrouver dans un studio occupé vingt minutes plus tôt par le dangereux sniper du paf et qui donc étaient trop contents de venir en fin de semaine. Leurs noms se passent de commentaires : Georges Pauget, Pierre Carli, Michel Chassang, Jean-François Delfraissy, et aussi deux hommes politiques qui ont tellement de choses à se reprocher qu'ils auraient été les cibles privilégiées de l'indomptable humoriste : Robert Badinter et Michel Rocard.

À la déclaration de Stéphane Guillon, Didier Porte a immédiatement réagi. Faut pas l'énerver, Didier… « Ceux qui viennent sur le genre humour politique comme Anne Roumanoff ou Stéphane Guillon ne savaient pas, il y a trois ans, faire la différence entre le Sénat et l'Assemblée nationale. » Une qui a dû être surprise, c'est Anne Roumanoff qui n'avait rien demandé à personne, qui faisait gentiment un sudoku dans un bureau à Europe 1 et qui se retrouve victime collatérale. Un scud sans doute un peu immérité à son endroit puisque c'est une fille qui a fait des études à Sciences Po en même temps que Laurence Parisot et Jean-François Copé, qui sont également des gens qui nous font bien rire.

Personnellement, je n'ai pas fait Sciences Po mais ça ne m'empêche pas de savoir faire la différence entre le Sénat et l'Assemblée nationale. Vu que le Sénat, c'est à côté de chez mon podologue, alors que l'Assemblée nationale, c'est tout près de chez un volailler que j'apprécie particulièrement. Si bien que quand je dis : « Le Sénat, c'est le pied, et l'Assemblée nationale, c'est du poulet », ma réflexion n'est le fruit d'aucune connaissance politique particulière.

Didier a dit aussi : « Guillon, il est au sommet, il est le roi du monde mais il n'a pas à nous attaquer, François Morel et moi, en nous prenant pour de la merde. »

Moi, je ne pense pas que Stéphane me prenne pour de la merde puisqu'il m'a offert son livre avec une dédicace à mon endroit particulièrement flatteuse que je vais vous lire à l'antenne… Non, que je ne vous lirai pas à l'antenne car je rougirais…

Bon, les gars, calmez-vous. Vous continuez comme ça, la matinale du 7-10, ça va devenir le PS…

Et puis peut-être ne faut-il pas exagérer notre importance. Si Chirac par exemple n'est pas venu ici, peut-être a-t-il été terrorisé par Guillon, c'est possible… Peut-être aussi n'a-t-il pas spécialement souhaité voir Nicolas Demorand, Thomas Legrand et Bernard Guetta. Il est possible que les trois énergumènes, plutôt que de lui offrir un bichon frisé, auraient eu envie de l'interroger sur des affaires qui risquent d'assombrir un peu sa fin de vie…

(On entend le début de « Relax », Dean Martin-Line Renaud.)

Relax, les gars, on n'est pas des justiciers, on n'est pas non plus des politologues ! On n'est quand même que des gugusses. Faut faire gaffe ! Un rigolo qui se prend pour sa statue, c'est aussi pathétique qu'André Santini quand il veut se faire passer pour un nouveau Coluche.

Allez, les gars, calmez-vous…

16

Ségo est arrivée[1]

11 décembre 2009

La semaine dernière, je suis invité à l'anniversaire d'un copain. On arrive tous à huit heures du soir avec nos cadeaux. Notre copain nous dit : « Je vais les ouvrir plus tard, en attendant prenez une sangria. » On prend une sangria, on en prend une autre. À dix heures du soir, on commence la danse des canards. Autant dire que la fête battait son plein. Vers onze heures, mon copain déclare : « Bon, maintenant, je vais déballer mes cadeaux. »

Je ne vous ai pas dit, moi, j'avais acheté une éplucheuse à bananes. J'étais assez content de mon cadeau parce que mon copain, il a tout, mais je sais qu'une éplucheuse à bananes, il n'en avait pas, vu que je m'étais renseigné auprès de sa copine qui, alors que je lui avais demandé ce qui pourrait bien faire plaisir à mon copain, m'avait répondu : « Mais non, mais n'achète rien, mais ta présence suffit, c'est pas la peine

---

1. Cette chronique fait suite à la venue surprise de la présidente de Poitou-Charentes à une réunion de la gauche à Dijon organisée par Vincent Peillon, son ancien lieutenant.

de faire des cadeaux, de toute façon, il a tout. » Bon, j'avais donc acheté une éplucheuse à bananes parce que ça je suis sûr qu'il n'en avait pas. Une éplucheuse à bananes, c'est donc un ustensile qui permet d'éplucher les bananes. Ça va à peu près aussi vite que quand on épluche à la main sauf que après il faut nettoyer l'ustensile. Je suis sûr que ça, mon copain, il n'en avait pas… J'étais assez curieux de voir comment il allait réagir à la vue de mon cadeau… Au moment où il commençait à déballer, coup de sonnette, qui est-ce qui arrive ? Ségolène Royal. Elle arrive, comme une fleur, la bouche enfarinée, petite robe rouge, elle n'avait pas été invitée, elle n'avait pas de cadeau, il n'y en avait plus que pour elle… Bonjour, l'anniversitude.

Le lendemain soir, je jouais mon spectacle qui a un immense succès à la Pépinière Théâtre, 7, rue Louis-le-Grand, réservation 01 42 61 42 53, avec mon ami Olivier Saladin, les gens riaient à gorge déployée. Dès qu'un court silence survenait, le public en profitait pour se jeter dedans, nous criant des « Bravo ! », des « Merci ! » et tout un tas de cris d'amour qui ne nous empêchaient pas de continuer notre spectacle avec la rigueur, l'exigence et la folle inspiration qui chaque soir nous animent. Au bout d'un certain temps, agitation inopinée dans le fond de la salle, fièvre, émoi, trouble des spectateurs. Des gens se lèvent, applaudissent la spectatrice retardataire, petite robe du soir, celle qui, tandis que nous finissons le spectacle dans l'indifférence la plus totale, attire tous les regards, toute l'attention : Ségolène Royal qui n'avait même pas de billet d'entrée. Merci, la spectaclitude.

Trois jours après, on enterre ma grand-mère. Avec application, nous écoutions les prières, chantions les cantiques, pleurions sans excès mais scrupuleusement. Au moment de la bénédiction, qui voit-on surgir du

fond de l'église ? Oui, elle-même, en petite robe noire !
Tout le monde, la famille, les amis, le curé, le bedeau,
les chevaux même n'en avaient plus que pour Ségolène, réclamant un autographe qui sur son missel, qui
sur son étole, qui sur sa couronne mortuaire, si bien
que ma grand-mère a été obligée de ressusciter deux
minutes le temps de rappeler tout le monde à l'ordre :
« Hé dites, même si je n'existe plus, c'est quand même
moi la vedette de la cérémonie, ce serait gentil de vous
intéresser à moi. » Bravo, la tristessitude.

Le soir même, j'avais besoin de consolation. On
se met au lit avec ma femme. On se rapproche. Elle
commence à me masser le cuir chevelu, les épaules, le
poitrail, le ventre, le bas-v… Quand soudain, surgis-
sant de sous les draps entre nos deux corps alanguis,
Ségolène Royal, petit déshabillé de soie ! Merci, la
sexualitude.

C'est pour ça que, franchement, après la semaine
que j'ai vécue, j'étais bien content de venir à France
Inter parce que je me dis que là au moins pendant
ma chronique je suis tranquille et que personne ne
peut venir…

(On entend Ségolène…)
Et merde !

17

Le people aura ta peau

18 décembre 2009

« Sarko salaud ! Le people aura ta peau ! » Voici un nouveau slogan que je soumets aux prochains manifestants entre Bastille et République. Le peuple a disparu quand le people est arrivé. Le people est une nouvelle catégorie qui se tient les coudes : « El people unido jamás sera vencido… » Le people est devenu si ancré dans la vie politique française que *Voici* est en passe de devenir le *Journal officiel*.

Que des people ! Johnny Hallyday qui est hospitalisé. La fille Bettencourt qui se demande si sa pauvre mère ne serait pas un peu gâteuse. François-Marie Banier traité de gigolo dans la presse. Stéphane Delajoux, le chirurgien des stars, accusé d'être un boucher. Silvio Berlusconi agressé par un fou. (Enfin, on dit que c'est un fou, c'est peut-être juste un Italien un peu énervé qui s'intéresse à la politique de son pays…) Roman Polanski assigné à résidence en Suisse… Tout cela est bien moche. Les people ne sont plus à l'abri. De la maladie, du vieillissement, de la calomnie, de la médiocrité, de la justice. Si ça se trouve même de la mort. C'est à vous décourager d'être un people si c'est pour avoir des problèmes de hernie discale comme n'importe quel clampin.

Bien sûr, en réalité, ces nouvelles n'ont rien d'extraordinaire. On peut même s'étonner qu'elles occupent le terrain de l'actualité, voire qu'un chroniqueur de ma stature, de ma qualité, de ma virtuosité s'abaisse à les évoquer… Parce que si on s'amusait à remplacer le nom des people par le nom de quidams, on serait atterré par ce qui occupe l'actualité des derniers jours… On aurait l'impression d'entendre une conversation dans une allée du marché couvert de Saint-Maurice-les-Buissons…

« Bonjour, madame Janine, alors vous êtes au courant ? Notre pauvre Johnny Mougins qui est hospitalisé… Si ! Il a fait des complications… Qu'est-ce que vous voulez ? Il est comme les copains, il ne rajeunit pas non plus… Oui, deux bons steaks dans le filet… En plus de ça, il n'a jamais craché sur la bibine, le Johnny, et puis, entre nous, qu'est-ce qu'il avait besoin de se mettre en ménage avec une jeunette, total, il est un peu fatigué, vous pensez… C'est plus de son âge… En plus, cet idiot s'était inscrit à un voyage organisé, il n'a jamais voulu annuler vu qu'il avait déjà versé des arrhes, il a pris l'avion quatre jours après être sorti de la clinique. Non, personne chez lui ne lui a déconseillé. Pensez-vous ! Vous savez, c'est pas pour dire du mal mais c'est quand même une famille d'analphabètes… Et pour la fille Bouradon, vous avez appris ? Oui, et puis vous me mettrez du veau, c'est pour une blanquette. Eh bien, figurez-vous qu'elle se demande si sa pauvre mère ne serait pas un peu gâteuse. Dans le jarret, oui, c'est bien… Oui, enfin un Alzheimer, comme ils disent maintenant… Quatre-vingt-sept ans, elle n'a plus toute sa tête, elle a un petit jeune de soixante et un ans qui veut même pas lui pousser son caddy quand ils vont chez Leclerc mais qui a tendance à lui piller son plan d'épargne logement. Oui, c'est moche… Et pour notre boucher, vous avez appris ? Non, je parle pas de vous, monsieur Vaudran… Je parle de l'autre là, le beau gars là, Stéphane Delajoux, oui, celui qu'on appelle le boucher des stars, eh bien, il est accusé d'être un chirurgien. C'est grave comme accusation… Et le gros Silvio, vous savez, mon petit Italien qui vient tondre la pelouse, eh bien, il s'est fait agresser par un fou. Pauvre Silvio… Là, c'est vraiment injuste, parce que bon, d'accord, il est italien mais il est honnête, il n'a jamais pactisé avec la mafia, jamais coupable de trafic d'influences… C'est moche, moche, moche… Et vous savez qui est assignée à résidence ? Assignée à résidence, oui, madame Brochon, comme je vous le dis… Rachida ! Oui, Rachida Dati, avec des lardons pour une petite salade, oui, comme ça, c'est bien… Assignée à résidence à Strasbourg. La pauvre, elle s'ennuie, vous pouvez pas savoir. Je ne sais pas ce qu'elle a fait de mal mais on peut dire qu'elle est punie… Comment ? Rachida Dati, ça ne vous dit rien ? Ah si, elle est connue, je ne sais plus pour quoi mais je sais qu'elle est connue… Je me demande si elle n'a pas fait la couverture de *Gala* ou de *Télé 7 Jours*, ou de *Télé 7 Jeux*, enfin, c'est quelqu'un… Combien je vous dois ? Je ne sais plus si elle était dans un feuilleton ou quoi, ou si elle a eu des histoires avec Mme de Fontenay, ou si elle a été mariée avec Johnny, enfin à une époque elle a quand même eu un petit nom… Voilà, merci, bon, je me mets pas en retard, je ne suis pas encore allée chez mon petit fromager, allez, au revoir, madame Brochon, bien des choses à votre mari…

Ah, madame Rouchon, alors vous êtes au courant, notre pauvre Johnny Brouchard qui est hospitalisé…

Oui, ah bien, il a fait des complications, c'est comme je viens de dire à Mme Brochon, il est comme les copains, il ne rajeunit pas non plus, une bonne part de brie, monsieur Decaux, avec du comté s'il vous plaît..., etc. »

18

J'ai dix ans[1]

25 décembre 2009

Bonjour.

Ça me fait ça chaque année. Tous les 25 décembre, j'ai dix ans. J'ai la tête dans les étoiles et le cœur qui scintille comme les illuminations sur les Champs-Élysées. Oui, tous les 25 décembre, moi François Morel, 1 mètre 79, 80 kilos, pointure 45, j'ai l'âme infantile, je crois au Père Noël et ma voix, c'est comme si elle n'avait jamais mué.

Cette nuit comme tous les ans, le Père Noël est venu à la maison. Je l'ai épié pendant des heures derrière la porte du salon où l'on a installé le sapin. Comme tous les ans, je l'ai raté. Il profite toujours du moment où je m'assoupis un peu pour venir déposer les cadeaux. C'est une vraie malédiction. C'est dommage parce que j'avais plein de questions à lui poser.

Je lui aurais demandé par exemple :

Comment vous réussissez à rendre visite à tout un tas d'enfants en même temps dans tout un tas de pays ?

1. Merci à Aurélien Broche qui, ce jour-là, a joué mon rôle.

Comment vous entrez dans les maisons maintenant que les cheminées sont condamnées au profit des chauffages basse température, des capteurs solaires et des chaudières à condensation ?

Aussi je voulais lui demander comment il faisait pour donner des cadeaux à ceux qui dorment dans la rue et qui donc n'ont pas de sapin personnel. J'avais plein de questions à lui poser…

Pourquoi vous donnez des cadeaux seulement aux enfants des pays riches ?

Pourquoi ils sont punis, les enfants des pays pauvres ? Qu'est-ce qu'ils ont fait comme bêtise ? Est-ce que c'est mal d'être pauvre ? Est-ce que ça mérite une punition ?

Je voulais savoir aussi :

Pourquoi quand le président, il fait des promesses aux ouvriers de Gandrange, il y en a toujours qui disent après qu'il fallait pas croire au Père Noël ?

Je vois pas ce qu'il a à voir avec les ouvriers de Gandrange, le Père Noël… Ou alors, si ça se trouve, en vrai, c'est même pas le Père Noël qui se déplace la nuit de Noël, si ça se trouve, c'est le président de la République en personne qui vient à sa place. Il en est capable ! Il est plus jeune, il est plus agile et puis il est capable de remplacer tout le monde vu qu'on le voit partout, tout le temps… Il est capable de remplacer tous les ministres, même le premier. Fortiche comme il est, je suis sûr qu'il est capable de remplacer le Père Noël.

Ce matin, c'est marrant, je me sens comme un enfant de dix ans. J'ai l'impression que tout à l'heure je vais aller manger chez mes grands-parents avec mes parents et mon petit frère. Si ça se trouve, je vais encore recevoir des cadeaux.

La semaine prochaine, hélas, quand la magie de Noël sera passée, je risque de retrouver mes 80 kilos, mes chaussures taille 45 et ma tête d'adulte. C'est comme ça. Je ne peux pas avoir dix ans toute la vie. C'est comme ça. Faut pas croire au Père Noël…

19

Bon week-end…

1ᵉʳ janvier 2010

Si dans votre voiture, venant de Suresnes, de Cour-
bevoie ou de Levallois-Perret, vous quittez les bords
de Seine juste après le pont de Clichy, pour rejoindre
l'autoroute A15 en direction de Cergy-Pontoise, vous
passez sous un pont d'Asnières-sur-Seine. Si vous
prenez la peine de lever la tête, vous avez toutes les
chances d'y apercevoir ce vendredi après-midi un être
étonnant. Étonnant, non par sa mine ou son aspect mais
par l'originalité de sa conduite. Son non-conformisme
déclaré ne s'exprime pas par des cheveux verts ou des
épingles de nourrice dans le nez mais par un mental
peu commun.

Je ne sais pas son nom, je ne connais pas son âge,
son origine, sa nationalité. Je ne sais rien de lui. Sauf
une chose : il passe tous les vendredis après-midi sur
ce pont avec un panneau sur lequel il a écrit à la
peinture : « Bon week-end à tous. »

C'est tout.

Juste un message amical et bienveillant pour les
automobilistes qui passent sous ce pont d'Asnières-
sur-Seine.

Est-il un retraité qui s'ennuie, un illuminé qui yoyote, un vieux garçon qui trompe sa solitude en allant observer la multitude occupée à s'agiter ? On n'en sait rien… Les automobilistes qui le regardent sont indifférents ou amusés, moqueurs ou touchés.

Cher monsieur que je ne connais pas, je voulais vous dédier cette première chronique du vendredi de l'année 2010 que peut-être vous n'écouterez jamais. Pour vous remercier de vos vœux souvent reçus et auxquels jamais je n'ai pu répondre. Pour vous encourager à continuer votre œuvre si pacifique et si amicale. Il est précieux, votre message du pont d'Asnières, tant il paraît anachronique à l'époque où l'efficacité fait figure de ligne de vie, où la productivité voudrait passer pour un destin, tant il semble délicat, poétique, décalé dans un monde où les méchants ont pignon sur rue, où les individualistes tiennent le haut du pavé.

Combattant de l'inutile, compagnon du dérisoire, vous ouvrez une parenthèse débonnaire dans les discours impitoyables de la modernité.

Nous sommes des milliards d'êtres humains sur la planète, pour la plupart ballottés, rejetés, écrasés, humiliés, appauvris, dépréciés, dégradés, dévalorisés. On se jette par les fenêtres pour échapper à la violence d'un monde toujours plus cruel aux faibles. On se partage en haut lieu les dividendes de la combine et du chacun pour soi, mais un monsieur que l'on ne connaît pas sort de chez lui pour délivrer un message de paix et de consolation à des gens qu'il ne connaît pas.

Il en faut du courage, de l'inconscience ou de l'obstination pour affronter, comme vous le faites, la moquerie facile, la raillerie médiocre, le cynisme ambiant, et je pensais à une phrase de Jules Renard qui, quelque part dans son journal, a écrit : « La gentillesse, c'est le courage qui sourit. »

Je sais bien que c'est le jour idéal pour souhaiter la bonne année mais je préfère, en solidarité avec l'inconnu du pont d'Asnières, me poster par la pensée à ses côtés et délivrer à des êtres humains inconnus et fraternels cette déclaration, parfaitement sublime, magnifiquement insignifiante : « Bon week-end à tous. »

20

La France va mieux

8 janvier 2010

Je voudrais poser une question. Une question qui naturellement gênera le petit monde des donneurs de leçons, des analystes à la petite semaine, des commentateurs assis sur le coussin de leurs certitudes, une question qui dans la grande fourmilière médiatique donnera le grand coup vengeur de la vraie France, celle qui jamais ne renonce, celle qui toujours va de l'avant !

Ma question est la suivante : Plutôt que de s'apitoyer sur tout ce qui ne va pas avec cet acharnement que j'estime souvent coupable, complaisant, n'aurions-nous pas intérêt à faire avec sérénité, objectivité, pondération, la liste de tout ce qui s'améliore en France ? Ah, monsieur Demorand, vous ne vous attendiez pas à une question aussi iconoclaste, aussi explosive au milieu du train-train de vos critiques doctrinaires, toujours en train de chercher des poux sur les têtes de nos dirigeants occupés à redresser la nation ! Car des choses en France s'améliorent. Oui, monsieur Demorand, oui, monsieur Legrand, quoi que vous puissiez en penser, gangrenés que vous êtes par la pensée contestataire anarcho-syndicalo-socialo-communisto-lamberto-jospino-bayrouiste, la France se relève car les promesses faites par le pouvoir actuel ont été globalement tenues.

Je n'en veux qu'un exemple. La pauvreté recule. Avant, au temps du renoncement et du laisser-faire, au temps de l'inertie et de la résignation, les clochards jonchaient les trottoirs de nos centres-villes. Piteuse image que nous offrions à l'étranger ! Aujourd'hui, grâce aux dispositifs anti-SDF, à vocation pragmatique, hygiénique, composés de plots et de piques, les architectes de l'avenir ont pris soin d'ôter toute possibilité de s'asseoir ou de s'abriter aux SDF qui, comme des pigeons refoulés, sont bien obligés de s'envoler vers d'autres cieux.

La France va mieux, la France se relève, alors, s'il vous plaît, vous aussi messieurs et mesdames les SDF, cessez de toujours offrir une image négative de votre situation. Un peu d'optimisme, un peu de positivité vous rendraient sans doute un peu plus gracieux. J'ai un ami espiègle, oui, un garçon taquin, volontiers malicieux… moi-même, je ne suis pas ennemi de l'humour quand il est de bon goût, de bon aloi, quand il n'est pas contaminé par l'esprit de moquerie si ignominieusement cruel… eh bien, cet ami amusant, caché derrière une mine sérieuse, me demandait le soir du réveillon : « Sais-tu quel est l'animal le plus heureux ? – J'ignore absolument, lui répondis-je interloqué. – Eh bien, le homard, me répondit-il, car même mort on lui suce la queue ! » (*Rires enregistrés*.) Voilà de l'humour français, voilà de la saine rigolade qui a déclenché mon hilarité le 1er, le 2 janvier, le 3 janvier et jusqu'à aujourd'hui ! Voilà de la poilade de tradition, voilà de l'esprit qui nous éloigne de vos ironistes grossiers, féroces, barbares, brutaux. Eh bien, cet ami, le même

soir de réveillon – car il était en forme, le solide !
Il avait picolé plus pour rigoler plus ! Il avait siroté
plus pour s'amuser plus ! Il avait ingurgité plus pour
dégobiller plus ! –, cet ami me disait, et vous verrez
comme malgré les digressions les plus espacées je sais
retomber les pieds sur mon sujet, cet ami me disait :
« Eh bien, moi qui partage ma vie entre mon chalet à
Gstaad, ma villa au Cap-Ferret, ma maison de Saint-
Barth et mon appartement parisien, moi aussi je suis
un sans domicile fixe. » Vous voyez qu'on peut très
bien plaisanter sans s'en prendre systématiquement au
président de la République !

La France va mieux, la France se relève.

Un échange magnifique sur le thème de l'identité
nationale vient d'avoir lieu. Compréhension, ouverture
d'esprit, désir de connaître l'autre. Qui d'ailleurs mieux
que M. Besson pouvait lancer ce débat qui nécessitait
loyauté, sincérité. Qui mieux que M. Besson ? *(Rires
enregistrés.)*

La France va mieux. Oui, les usines ferment les unes
après les autres. Jadis les ouvriers maltraités mouraient
à cause de l'amiante, demain les chômeurs désœuvrés
mourront d'ennui. C'est quand même moins expéditif.

La France va mieux. La France se relève.

Évidemment, il reste quelques points noirs, quelques
gros nuages lourds qui viennent obscurcir le ciel bleu.
Si Johnny va mieux, sa santé reste préoccupante. Mais
allons, ne cédons pas au découragement, et rions dans
un esprit de bonne humeur et de saine gaillardise !

Dernier souvenir de réveillon. Connaissez-vous
l'histoire de la chaise. Non ? Dommage, car elle est
pliante ! *(Rires enregistrés.)*

21

Une loi contre les fantômes

15 janvier 2010

A-t-on le droit de se déguiser en fantôme en dehors de la période d'Halloween ? C'est la question du jour. Les fantômes font les couvertures des quotidiens, des magazines et l'objet d'émissions de débat à la télévision. A-t-on le droit ? Parce que se couvrir entièrement de la tête aux pieds le 1er novembre, histoire de rigoler, c'est autorisé, mais tous les jours, est-ce envisageable ? Ne risque-t-on pas de perdre le bénéfice de l'exceptionnel si Halloween a lieu tous les jours ?

Si. Forcément.

C'est comme si, en plus du 25 décembre, le Père Noël descendait tous les matins par la cheminée. Au bout d'un moment on lui dirait : « Hé dis donc, espèce de vieux dégueulasse, sénile barbu, tu vois pas que t'es en train de saloper partout avec tes bottes pleines de suie, tu voudrais pas passer par la porte comme tout le monde ? »

Halloween, c'est pareil. Un jour pour les fantômes, d'accord. Tous les jours, c'est un peu trop.

Vous allez me dire, car l'auditeur de France Inter est volontiers raisonneur : est-ce aux hommes politiques de décider quand aura lieu Halloween ? Si on a envie de se déguiser en fantôme, on a bien le droit quand même !

« D'accord, je répondrai, je veux bien que vous vous déguisiez en fantôme mais, dans ce cas-là, vous prenez une citrouille à la main et vous allez chez les voisins réclamer des bonbons. » N'y aurait-il pas en effet meilleur signal pour les fantômes venus de régions notamment islamiques que de porter une citrouille et de montrer par là même un profond intérêt pour la culture celtique ?

L'auditeur de France Inter, particulièrement ergoteur ce matin, m'objectera qu'il n'est pas possible de trouver des citrouilles toute l'année puisque la citrouille, plante annuelle, appartenant au genre *Cucurbita*, est quasiment introuvable à Rungis un matin de printemps ! Je répondrai à mon auditeur de France Inter qu'il est bien gentil mais que, si ça ne le dérange pas, c'est moi qui fais ma chronique et que, s'il a absolument besoin de s'exprimer, il écrit comme tout le monde son blog que de toute façon personne ne lira puisque chacun est occupé à écrire le sien...

Halloween toute l'année risque par ailleurs de créer un nouveau scandale de santé publique dont Mme Bachelot n'a pas besoin. Obliger toutes les personnes qui se déguisent en fantômes à faire un trafic de bonbons risque en effet de déboucher sur des problèmes graves de diabète et de caries dentaires. C'est compliqué.

Très compliqué. Comment reconnaître un fantôme d'un motard portant un casque par ailleurs tubard portant un masque...

M. Copé, lui, pense qu'il faut une loi concernant les fantômes. Une loi. À quoi sert une loi ? Pas forcément à être appliquée mais surtout à passer à la télévision.

M. Copé veut être président en 2017. C'est vous dire s'il a le temps de nous préparer pas mal de projets de loi d'ici là. Des lois, des projets de loi, ça peut nous occuper un bon moment… Est-ce que les policiers auront le droit d'arracher les déguisements en pleine rue ? Est-ce que la loi ne risque pas d'envenimer les débats, de surexciter les esprits, d'encourager les extrémismes ? Si, peut-être, mais M. Copé, qui veut être président en 2017, s'inspire du président actuel qui s'est fait élire sur la question de la sécurité en disant vouloir au Kärcher nettoyer les banlieues. Le président a été élu. Le problème des banlieues reste entier. L'imprécation fait office de politique.

La semaine dernière, Fadela Amara a réutilisé l'image des Kärcher. C'est vrai que, quand on a un symbole aussi fin, c'est bête de ne pas s'en resservir avant les élections régionales.

L'autre jour à la télévision, M. Copé justement s'est retrouvé face à un fantôme de sexe féminin. Remarquez que les fantômes en ce moment sont toujours de sexe féminin. Ardisson faisait mine de demander si c'était bien d'autoriser ces fantômes dans des lieux publics. Il y répondait dans les faits puisqu'il avait lui-même invité un fantôme à s'exprimer librement dans un studio de télévision qui est un lieu très public. Le fantôme défendait sa prison. Ardisson devait être content, il a fait de l'audimat. Copé devait être ravi, il est passé pour un grand républicain. La question des fantômes, elle, reste complexe. Les politiques ne sont peut-être pas les meilleurs gouvernants mais, en campagne électorale, ce sont des candidats formidables.

C'est plus compliqué que ça…

22 janvier 2010

Si, au cours d'une conversation, vous êtes invité à donner un avis, n'importe lequel sur n'importe quoi. Si, au cours d'un débat, vous êtes sollicité pour faire un commentaire. Au sujet de n'importe quoi. De n'importe quelle question.

Si votre réflexion est un peu vague, un peu confuse, un peu nébuleuse. Si vous ne savez pas exactement ce que vous devez penser et que l'on vous demande le fruit de votre réflexion, là, maintenant, illico presto, immédiatement, sur-le-champ, le mieux est de répondre avec un léger sourire entendu : « Oui, enfin, bon, je crois que c'est quand même un peu plus compliqué que ça… »

Parce que vous aurez rarement tort en soutenant que « c'est un peu plus compliqué que ça ». Et vous, qui n'êtes pas spécialement percutant dans votre réflexion, vous qui êtes même assez médiocre en tant que politologue, excusez-moi de vous le dire mais bon, je rappelle une de vos déclarations récentes que vous avez prononcée deux fois lors d'un déjeuner pris entre collègues au Buffalo Grill de Villacoublay, c'était à la fois au sujet du bilan politique de Barack Obama ainsi que de l'entrée éventuelle de la Turquie dans l'Europe, vous avez dit : « Oui, oh ben de toute façon, il y a du pour et du contre… », oui, eh bien vous-même qui n'êtes pas spécialement pointu dans l'analyse, qui êtes un peu à Thomas Legrand ce que Stéphane Cauet est à Woody Allen, vous aurez l'occasion de passer pour un type subtil, sagace, particulièrement pertinent. Je vais vous dire une bonne chose que vous pouvez prendre la peine de noter immédiatement pour ne pas l'oublier. On n'a jamais tort de dire « C'est un peu plus compliqué que ça » pour la bonne raison que c'est toujours un peu plus compliqué que ça. Et ça marche pour n'importe quel sujet de conversation…

La crise. L'immigration. Le pape. Philippe Val. Stéphane Guillon. La Chine. L'identité nationale. L'islam. La religion catholique. La vie sexuelle de Fabrice Drouelle. Le grand emprunt. La faim dans le monde. Les relations Nord-Sud. Vous pouvez toujours dire, et vous n'aurez jamais tort : « C'est quand même plus compliqué que ça. » Concernant le sujet de conversation que j'ai intitulé « La vie sexuelle de Fabrice Drouelle », vous pouvez même ajouter : « C'est quand même beaucoup, beaucoup plus compliqué que ça ! »

Avant d'être élu, en revanche, si vous êtes politicien, que vous êtes en campagne, vous pouvez dire : « C'est pas plus compliqué que ça ! La politique de banlieue, le chômage, le travail des jeunes, l'éducation, le trou de la Sécurité sociale, le problème des retraites, ni une ni deux, pour vous arranger tout ça, suffit de m'élire, suffit de me mettre au pouvoir, c'est pas plus compliqué que ça ! »

Et puis, évidemment, dès que vous êtes aux affaires, que le poids de la réalité (saloperie de réalité !) vous tombe dessus, vous avez tendance à dire à ceux qui vous critiquent et qui veulent votre place en avançant vos arguments d'hier que désormais vous jugez simplistes, réducteurs, rudimentaires : « Je m'excuse, monsieur Duchmol, mais c'est quand même un peu plus compliqué que ça... »

Alain Finkielkraut, l'autre fois, quand vous êtes venu parler de l'affaire Polanski, au lieu de vous embarquer dans je ne sais quelle explication oiseuse qui pouvait laisser croire que vous banalisiez le viol d'une personne mineure par un adulte, il aurait suffi que vous disiez : « C'est un peu plus compliqué que ça... » Et tout le monde aurait été d'accord avec vous.

Je m'en fous, moi maintenant, qu'on me demande mon avis sur le service public, je ne me gêne plus, je donne des conseils aux philosophes, je fais profiter de ma grande culture, de mes connaissances, de ma pensée...

Parce que, dans le fond, pour moi, la vie, la politique, l'amour, l'économie, même la vie sexuelle de Fabrice Drouelle : « C'est pas plus compliqué que ça... »

23

Le point G n'existe pas

29 janvier 2010

C'est comme si l'on disait de but en blanc à un enfant qui vient de déposer sa dent de lait sous l'oreiller : « Tu sais, en réalité, la petite souris, c'est les parents. » C'est comme si l'on disait juste avant qu'elle meure à une bénédictine qui a consacré toute sa vie au Seigneur : « Tu sais, en réalité, le Bon Dieu n'existe pas. » C'est comme si l'on disait à un adepte de François Bayrou qui toute sa vie a mis des chemises orange, des pulls orange, des écharpes orange : « Tu sais, en réalité, le centre, c'est une vue de l'esprit »…

Imaginez le désarroi, le désespoir, la désolation.

L'une des premières nouvelles les plus accablantes que l'on ait apprises en cette année 2010 nous est venue d'Angleterre. Car Albion, non contente d'être perfide, est devenue peine à jouir. Tim Spector, épidémiologiste, et Andrea Burri, psychologue, viennent de découvrir que le point G n'existait pas.

Quelle déconvenue ! Quelle déception ! Le point G, c'était le saint Graal des temps modernes, le saint calice d'une génération libérée pour qui la recherche du plaisir sexuel était cet objet mythique, légendaire qui faisait de chaque homme attentif, de chaque femme épanouie des nouveaux don Quichotte à la recherche de l'inaccessible étoile.

Le point G, comme le dahu, l'Atlantide, l'Eldorado, le jardin d'Éden, serait une invention humaine. Pourtant, certaines femmes épanouies, certains hommes satisfaits d'eux-mêmes étaient sûrs de l'avoir un jour atteint. Imaginez la déconvenue de ceux qui sont revenus de tout, du communisme, du libéralisme, du socialisme, et qui s'étaient rabattus sur une recherche plus intime, plus intérieure, et se trouvent ainsi découragés dans leur quête… Comme si l'on disait à Christophe Colomb : « Vous savez, l'Amérique, que vous pensiez avoir découverte, je suis désolé de vous le dire, n'existe pas. »

Le point G avait été découvert dans les années cinquante par Ernst Gräfenberg mais, en 2010, le point G vient de disparaître de la carte du tendre. Autant dire que, de la préhistoire à l'époque moderne, le plaisir féminin n'aura connu son apogée que pendant une petite cinquantaine d'années. C'est peu. Faut-il pour autant baisser les bras ? M. Van der Smissen, homme de courage, homme de conviction, pense que non. Dernièrement, son épouse, Mme Yolande Van der Smissen, ayant eu le tort de lui dire : « Tu sais, le point G, c'est dans la tête ! », M. Van der Smissen, prenant au pied de la lettre ces propos, a gravement défiguré Mme Yolande Van der Smissen qui de son lit d'hôpital nous assure que le point G ne se trouve pas non plus dans la tête.

On dit souvent que l'époque actuelle manque de projets, d'objectifs, de buts, on dit que les raisons de croire, de se mobiliser ont disparu. On dit que la désespérance est généralisée.

Eh bien, moi, je propose le refus de la résignation, je conteste la servilité à la recherche scientifique, je dénie l'inféodation à quelque diktat de quelques avortons de chercheurs anglais.

Allons ! (*Musique générique de* Thibault des Croisades.)

Relevons la tête, relevons nos manches et partons tous, unis dans un même élan, dans une même ferveur à la recherche du point G. Tels de nouveaux croisés, tels de nouveaux templiers, allons dans les villes, allons dans les campagnes, n'épargnons ni nos larmes, ni notre sueur, ni rien. Abandonnons toutes les affaires courantes, quittons nos salles de bains, abandonnons nos voitures, sortons de nos lits ou plutôt restons-y et partons à la recherche du point G ! N'allons pas au bureau, n'allons pas au lycée, n'allons pas aux champs ! Partons d'un même mouvement à la recherche du point G ! Et toi, dans ton bureau de France Inter, toi, Demorand, quitte ton siège et pars à la recherche du point G ! Et toi Lefébure, et toi Legrand, et toi Drouelle, quitte ton siège et… Mais je m'aperçois que le vaillant, audacieux, téméraire, ardent Drouelle est déjà parti sur les routes, est déjà sur les chemins pour atteindre l'inaccessible. Ah ! valeureux Drouelle !

Et si une voix intérieure te rappelle l'inexistence de ce point G, si, dans un moment d'abattement, l'idée te venait de donner raison aux chercheurs britanniques, ne descends pas de cheval, n'abandonne pas cette quête, peut-être désespérée mais infinie, mais sublime, mais flamboyante et jusqu'au bout de tes forces, jusqu'au bout de ta vie, déclame avec Cyrano :

Que dites-vous ? C'est inutile. Je le sais.
Mais on ne se bat pas dans l'espoir du succès.
Non, non, c'est bien plus beau lorsque c'est inutile !

24

Conversation avec ma mère…

5 février 2010

Ma mère était embêtée vendredi dernier quand elle m'a appelé peu avant midi.

« Dis donc, je voulais t'écouter ce matin, j'avais mis le réveil sur France Inter et puis je me suis réveillée avant. Si bien qu'à huit heures moins cinq, j'étais devant mon petit café au lait… je sais, le docteur dit que c'est pas digeste mais c'est pas à quatre-vingt-trois ans que je vais changer mes habitudes d'autant que je le digère bien, moi, le café au lait, donc j'étais en train de faire les mots croisés de Max Favalelli, que je récupère sur les vieux *Figaro* que me prête Mme Berthier… mais si, Mme Berthier, tu sais, qui avait un pressing rue Guy-Mollet, enfin c'est pas grave… Ils sont pas faciles ses mots croisés à Max Favalelli… "Avec lui la lune est dans l'eau" en onze lettres, ça m'a occupée un moment… Total, j'ai oublié de mettre la radio. Le mieux, c'est que je n'y ai pas du tout repensé et que ça ne m'est revenu qu'au moment où je suis allée acheter ma baguette, quand j'ai rencontré M. Van der Smissen, mais si, tu sais, qui avait une quincaillerie rue Lecanuet, enfin c'est pas grave, qui m'a dit : "Oh, je m'en veux, j'ai oublié d'écouter votre fils ce matin !" Alors je lui ai dit que moi c'était pareil puisque j'avais mis le réveil sur France Inter et que je m'étais réveillée avant… Si bien qu'à huit heures moins cinq, j'étais devant mon petit café au lait à faire mes mots croisés et que j'ai oublié de mettre la radio… "Bain de siège", "Avec lui la lune est dans l'eau". C'était "bain de siège". Je l'ai trouvé à pile onze heures, juste avant Stéphane Bern.

Voilà…

Alors, qu'est-ce que tu as raconté ce matin ?… »

Ce court préambule pour dire que si vous êtes auditeur de France Inter et voisin de ma mère, ce serait bien de lui signaler en ce moment même que c'est l'heure de ma chronique parce que je n'ai pas du tout l'intention de la relire sur le coup de midi comme je l'ai fait la semaine dernière alors que j'étais dans le RER C. Juste pour Suzanne qui n'est pas du genre à se connecter sur le site France Inter, des fois qu'elle aurait raté ma chronique. J'ai donc été obligé de lire à voix haute mon papier parmi des passagers de la ligne C qui n'avaient pas l'air de goûter spécialement l'humour sur France Inter. Il y a quand même un voyageur qui m'a demandé ce que j'étais en train de lire. Je lui ai donc expliqué : ma mère levée plus tôt que prévu, loin de son radio-réveil au moment de ma chronique, devant son café au lait à faire ses mots croisés. Lune dans l'eau. Onze lettres. Bain de siège.

« Elle a pas une radio dans sa cuisine ? s'est étonné mon interlocuteur.

— Si, j'ai répondu, mais sûrement qu'elle a oublié de la mettre.

— Ah d'accord, moi non plus remarquez, je ne l'ai pas entendue, votre chronique, mais en revanche comme, le vendredi, je prends toujours le RER C à cette heure-là, si vous voulez, donnons-nous rendez-vous la semaine prochaine, disons dans la même voiture, celle de queue, comme ça quand vous lirez votre chronique à votre maman, je pourrai en profiter.

— À qui tu parles ? a demandé ma mère. C'est qui le monsieur à qui tu dis que je fais mes mots croisés en prenant mon café au lait, parce que je te signale entre parenthèses que ça ne regarde personne. Si c'est à Nicolas Demorand que tu t'adresses, j'espère que tu as quand même des choses plus intéressantes à lui raconter que les détails les plus personnels sur la vie de ta mère. J'espère que tu n'es quand même pas en train de te lancer dans l'autofiction ou je ne sais pas quoi, à faire ta Christine Angot parce que si c'est ça, moi, je ne te raconterai plus rien. Je n'ai pas du tout envie de voir exposer les détails les plus intimes de ma vie privée. Et je peux bien prendre un chocolat chaud en faisant des sudokus, ou une camomille en lisant *Paris Turf*, ça ne regarde personne, absolument personne, vu que c'est strictement du domaine privé !… Non mais, dis donc, tu te prends pour qui ? Pour Paris Hilton ou quoi ? Puisque c'est comme ça, désormais, j'écouterai Nostalgie même le matin. »

Et elle a raccroché.

Donc, si vous êtes voisin de ma mère et auditeur de France Inter, laissez tomber pour aujourd'hui, de toute façon je reviendrai vendredi prochain. Sur France Inter et en fin de matinée sur la ligne C, dans la voiture de queue en direction d'Ermont-Eaubonne.

« Allô, oui, excuse-moi, c'est maman… Je me suis emportée tout à l'heure, je voulais te dire, ce matin, ta chronique, franchement, ce n'était pas ta meilleure, mais quatre minutes sans entendre parler de Sarkozy, d'Éric Besson ou de Brice Hortefeux, qu'est-ce que ça repose… »

25

Le retour du point G

12 février 2010

Il y a quinze jours, souvenez-vous, je lançais une sorte d'appel à la conquête du point G. Je ne vous cache pas que ce cri était alors un peu désespéré de ma part, un cri pour l'honneur, un cri pour la beauté du geste comme celui que l'on décide de lancer au début d'un match que l'on sait perdu d'avance. Depuis que Tim Spector et Andrea Burri, deux chercheurs anglais du King's College de Londres, avaient affirmé que le point G n'existait pas, la désespérance se lisait sur de nombreux visages d'hommes et de femmes dont la raison de vivre d'un seul coup d'un seul venait de disparaître.

Fabrice Drouelle, lui-même, était parti à Jérusalem pour chercher des raisons à une existence qui du jour au lendemain lui apparaissait totalement vaine. Oui, en même temps que le point G, ce sont tout simplement des arguments pour justifier l'existence humaine qui disparaissaient aux yeux de nombreux individus hédonistes envoyés sur terre pour une recherche intensive, acharnée, continue du plaisir féminin.

Aujourd'hui, force est de constater que mon appel

a été entendu puisque Pierre Foldès, gynécologue, qui intervenait lors d'un tout récent congrès médical devant les plus éminents sexologues, gynécologues, neurologues, oncologues et tout un tas de spécialistes en « ogue » non encore connus à ce jour, vient de déclarer : « Si on écoute les femmes, on se rend bien compte qu'il y a quelque chose. »

Voilà. Réjouissons-nous ! Il y a « quelque chose ». Et ce « quelque chose » est merveilleux ! « Quelque chose » qu'il faut bien admettre, même si l'on est un méchant sceptique, incrédule et rationaliste ! « Quelque chose » qu'il faut accepter sans chercher à comprendre comme quand tandis que vous êtes en train de vous acharner sur un sudoku niveau expert et que vous vous dites : « Merde, le 8, il peut pas être là, vu que déjà, là, dans la colonne, il y en a un et que ça peut pas être le 7 non plus, vu que dans la ligne d'en dessous il y en a déjà un aussi… », comme quand disais-je vous êtes dans le plus profond désarroi et que tout d'un coup vous apparaît la Vierge Marie toute nimbée de blanc : « Je suis une mère affligée par des cœurs ingrats, vous ferez faire des neuvaines dans toutes les paroisses, dans toutes les communautés, c'est le 3 qu'il faut mettre dans la première case et le 7 dans la deuxième case de la troisième colonne… »

Imaginez votre stupéfaction, votre extase, votre exaltation quand vous réalisez que cette voix que vous venez d'entendre est celle de la Vierge Marie en personne ou encore mieux celle de la fille de FIP qui tous les jours vous fait rêver en vous annonçant qu'il y a un gros accident sur le périphérique intérieur en direction de la Chapelle.

Où se trouve le point G ? La question reste ouverte… « À deux centimètres de l'entrée du vagin, sur sa paroi intérieure », disent certains. « À la fin du mot shopping », disent d'autres.

Notre spécialiste Gilbert Van der Smissen assiste actuellement au congrès des Amis du point G…

« Gilbert, vous êtes actuellement en ligne et en direct pour nous donner les dernières conclusions de ce congrès…

— Oui, François, une ambiance particulièrement fervente, enthousiaste. Beaucoup de monde, beaucoup d'ardeur également dans ce congrès qui est, après les déclarations du docteur Foldès, celui de l'espérance. Un monde fou à la recherche du point G, dans les amphithéâtres, dans les salles de réunion, dans les couloirs même, sur les bancs, partout, c'est réellement une ambiance extraordinaire !

— Donc, et c'est important, Gilbert, vous nous confirmez bien, Gilbert, que le point G est aussi tangible, aussi palpable que le ménisque ou le col du fémur ?

— Oui, absolument, François, toute la nuit, le point G a été découvert à plusieurs reprises dans une ambiance extrêmement active, extrêmement studieuse, mais je vous ai déjà prévenu que je n'assisterai ni au congrès des Amis du ménisque ni à celui des Amis du col du fémur.

— Bon… je vais devoir vous quitter pour participer moi-même activement aux recherches en cours. C'était Gilbert Van der Smissen pour France Inter en direct du congrès des Amis du point G.

— Merci, Gilbert. N'hésitez pas à nous contacter dès que vous aurez des informations nouvelles… »

Eh bien, Nicolas, voilà ce que nous pouvions dire pour l'instant, au moment où je vous parle au sujet du point G. Nous ne manquerions pas évidemment de bouleverser les programmes de France Inter si de nouvelles informations nous parvenaient à ce sujet.

Je vous rappelle donc la principale information de la matinée. Le point G a été retrouvé et c'est une merveilleuse nouvelle pleine de perspectives que nous avons été les premiers à annoncer.

Dans quelques instants, le journal enchanté de Fabrice Drouelle...

26

La ligne transversale
16 février 2010

Dans chaque journal, il y a une ligne éditoriale. Dans chaque homme méthodique, il y a une ligne de conduite. Dans chaque poignée de main, il y a deux lignes de vie…

Mais moi, ce que je préfère comme ligne, c'est la transversale. La transversale, elle est rêveuse, elle est pensive, elle prend son temps. Elle prend ses chemins de traverse. Elle butine. Elle gamberge. Elle musarde. Elle rêvasse…

Dans chaque appartement de gros connard branché, il y a une ligne de coke. Dans chaque quartier de Paris, il y a une ligne de métro pas loin… Dans chaque fluide en mouvement, il y a une ligne de courant…

Mais moi, ce que je préfère comme ligne, c'est la transversale. L'autre jour, comme tout le monde, j'ai entendu Serge Moati qui rendait hommage à Philippe Séguin. Deux petits potes d'adolescence que le foot et la politique n'avaient pas réunis mais copains à la vie, à la mort parce que la vie, la mort sont quand même des sujets plus sérieux que le foot et la politique.

Sur chaque ordinateur Windows, il y a une ligne de

commande Windows. Dans chaque ligne de cœur, il y a un petit peu l'envie d'être heureux. Dans chaque ligne de vêtement, il y a un peu de l'air du temps.

Mais moi, ce que je préfère comme ligne, c'est la transversale. L'idée qu'on puisse se parler même si on ne part pas du même point. Le désir de se rencontrer même si on ne sort pas de la même chapelle. La ligne transversale, comme son nom l'indique, elle passe en travers, elle choisit les obliques. Elle n'est pas conformiste. Elle cabriole. Elle aime la surprise. Elle aime s'étonner. Elle aime l'éblouissement de la découverte.

Dans l'Indicateur Chaix, il y a toutes les lignes de train. Au-dessus des communes qui n'ont pas de chance, il y a des lignes de haute tension. Dans le garage de papa, il y avait des lignes de pêche. Et des hameçons, et des vieux *Chasseur français*. Et des bouteilles de cidre. Et des jerricans américains récupérés que l'on remplissait d'eau pour la déverser dans une vieille baignoire émaillée qui servait d'abreuvoir pour les deux veaux qui étaient la propriété de mon père quand il aimait se faire croire que, derrière l'employé SNCF, il restait une sorte de paysan qui ne ratait pas la saison des foins et le passage illicite de Marcel Monseigneur, bouilleur de cru dans le bocage normand et qui, certains soirs, venait chez nous dans la crainte des gendarmes et le but de fabriquer un calvados que mon père n'avait plus légalement le privilège de produire…

Tiens, je viens de tracer une transversale… C'est rare que sur France Inter on parle de bouilleur de cru et de calvados à sept heures cinquante-cinq… François Mauriac dans sa propriété de Malagar chantonnait du Françoise Hardy. François Mitterrand avant de quitter l'Élysée recevait Jean d'Ormesson… (Là, ça n'a peut-être rien à voir avec la transversale, c'était peut-être juste deux vieux hommes cultivés de droite qui avant le départ en retraite de l'un discutaient tranquillement…)

Dans chaque dessin classique, il y a une ligne de fuite. Dans chaque vignette de Tintin, il y a la ligne claire. Dans chaque massif montagneux, il y a une ligne de crête.

La ligne transversale, attention, il ne faut pas la pervertir. Elle n'est pas la ligne de ceux qui n'en ont pas… Elle n'est pas synonyme de débauchage, de prise de guerre, de petite combine pour gagner une place…

Je voulais juste écrire une chronique pour rendre hommage à la ligne transversale. Celle de l'échange et du dialogue. Celle de l'écoute.

Dans chaque France occupée, il y a une ligne de démarcation… Dans chaque ligne de chance, peut-être qu'il y a une promesse pour demain…

27

Trop fort, Éric !

19 février 2010

Je suis tombé dans le panneau. Mais enfin, je n'étais pas le seul. Comme tout le monde, j'ai été naïf. Ingénu. Crédule. Je pensais qu'Éric Besson était un traître. Je vous jure. Je pensais que c'était un félon. Un renégat. Un fourbe. Un sale type qui avait tout renié pour avoir une place au gouvernement. Quelqu'un qui, après avoir écrit un pamphlet contre Nicolas Sarkozy, était devenu son plus fidèle serviteur. Celui qui, en pleine campagne présidentielle, était passé sans scrupule d'un camp à l'autre. Celui qui prenait les mesures les plus contestables. Celui qui organisait les débats les plus nauséabonds. Celui qui, avec des arrière-pensées racistes, associait toujours le thème de l'identité nationale avec celui de l'immigration. Celui qui, parti de la gauche, flirtait avec les obsessions les plus extrêmement droitières. Je peux bien vous l'avouer, je ne l'aimais pas du tout. Comment vous dire ? Je cherche les mots les plus nuancés pour exprimer ma pensée avec le plus de précision possible ; je trouvais que c'était une merde, une vraie saloperie vivante. Chaque fois que mes collègues humoristes l'étripaient, j'étais content : je me sentais vengé !

C'est là que je me rends compte que la politique, ce n'est vraiment pas mon truc ! J'ai compris seulement aujourd'hui ce qui aurait dû me sauter aux yeux depuis longtemps : Éric Besson était resté le socialiste authentique, loyal, sincère qu'il n'a jamais cessé d'être ! Évidemment !

J'ai observé les sondages sur le président : en chute libre ! J'ai regardé les prévisions des régionales pour la droite : une vraie catastrophe !

Eh bien, qui est celui qui peut s'enorgueillir de favoriser le succès de la gauche ? Ce n'est sûrement pas Martine Aubry, ni Manuel Valls, ni Vincent Peillon, encore moins Ségolène Royal, tous trop occupés en catimini à se tirer la bourre entre eux ! Non, le vrai responsable du succès de la gauche, c'est Éric Besson.

Il est fort ! Il a accepté de tenir le rôle du repoussoir ! Quel courage il lui a fallu, quelle abnégation ! Tranquillement, il s'est installé dans la place pour scier la branche sur laquelle il s'est installé juste à côté de Nicolas qui, lui, croyait avoir débauché un ancien ennemi alors que le pauvre naïf l'avait installé pour causer sa perte !

Mais oui ! Comme dirait le président du Front national, ça crève l'œil ! Éric Besson, jusqu'à l'absurde, il a poussé son rattachement à Sarkozy ! Mais pas pour sa gloire personnelle, pas pour sa carrière. Sa carrière, même, il sait qu'elle est foutue ! Évidemment ! Si Strauss-Kahn arrive aux affaires, il ne va pas s'encombrer de quelqu'un qui a endossé avec autant de facilité le costume du parjure ! Non, si Besson a rejoint Sarkozy, c'est pour bien montrer son caractère néfaste ! Et, du coup, plein de gens qui avaient l'habitude de voter pour l'UMP ont détesté les dérives fétides des débats organisés par Besson, plein de gens qui ne détestaient pas l'ancien maire de Neuilly ne peuvent plus l'encadrer depuis qu'il s'est associé à celui qu'ils imaginent comme étant le traître étalon, celui qui dans l'imaginaire collectif vient de détrôner Iago ! Oh là là, trop fort !

On a comparé Éric Besson à Marcel Déat, à Pierre Laval… c'est très exagéré. Éric Besson, c'est Pétain ! Comme lui, c'est une figure sacrificielle, qui nous dit : « Je fais don de ma personne à la gauche française. »

Je suis sûr que, la nuit, Éric Besson, en cachette, comme quand il était jeune, écoute du Mikis Theodorakis.

Et tiens, ce matin, rien que pour toi, je t'en passe en cachette.

(…)

Merci, Éric, eh oh trop fort !

28

Gloire et connerie

26 février 2010

Le parti socialiste a cru bon de placer un Noir à la tête de sa liste pour le Val-d'Oise. Un Noir, c'est-à-dire un délinquant potentiel. Heureusement, Francis Delattre et Sébastien Meurant, maires de Franconville et de Saint-Leu-la-Forêt, ont su attirer l'attention de l'opinion publique sur le danger que faisait courir un tel individu.

Combien nous regrettons que MM. Francis Delattre et Sébastien Meurant n'aient pas existé du temps des cabarets dans les années cinquante pour empêcher un certain chanteur à moustaches de gratter sa guitare et chanter sa mauvaise réputation. Il avait commis plusieurs larcins dans sa ville de Sète pour impressionner les filles. Des décennies plus tard, de nombreuses écoles portent le nom de Georges Brassens.

Honte à la chanson française. Gloire à Francis Delattre et Sébastien Meurant !

Combien nous déplorons que MM. Francis Delattre et Sébastien Meurant n'aient pas pu interdire à François Villon d'écrire ses ballades après tant de vols, de cambriolages, d'actes par la loi répréhensibles.

Des siècles plus tard, son œuvre est éditée dans la Pléiade.

Honte à la littérature française. Gloire à Francis Delattre et Sébastien Meurant !

Combien nous nous morfondons de penser que MM. Francis Delattre et Sébastien Meurant n'ont pas croisé Paul Verlaine et Arthur Rimbaud dans les rues de Bruxelles quand l'un de ces deux homosexuels notoires sur l'autre avec un pistolet a tiré. Aujourd'hui, Verlaine et Rimbaud sont considérés comme deux des plus grands poètes de langue française.

Honte à la poésie française. Gloire à Francis Delattre et Sébastien Meurant !

Combien nous pleurons l'absence de MM. Francis Delattre et Sébastien Meurant dans les rues de Rome à la fin du XVIe siècle quand le Caravage, pour de sales affaires de sexe et de sang, connut la prison. Aujourd'hui le Caravage est exposé dans les plus grands musées du monde.

Honte à la peinture italienne. Gloire à Francis Delattre et Sébastien Meurant !

Combien nous pestons à l'idée de savoir que MM. Francis Delattre et Sébastien Meurant n'aient jamais interdit au voleur et homosexuel Jean Genet de vivre. On pense que ses œuvres, anticolonialistes, antibourgeoises, marquent à jamais le théâtre de France.

Honte à la dramaturgie française. Gloire à Francis Delattre et Sébastien Meurant !

Je sais bien que le parcours d'Ali Soumaré, tête de liste PS dans le Val-d'Oise, n'a rien à voir avec celui de Georges Brassens, de François Villon, de Paul Verlaine, d'Arthur Rimbaud, du Caravage, de Jean Genet. Je me doute bien qu'Ali Soumaré est sans doute dépassé par ce qui lui arrive et qu'il n'est finalement qu'un prétexte à la démagogie des uns et des autres.

Mais je sais aussi que, lorsque l'on a payé sa dette à la société, on a le droit de renaître. Que le passage par la prison ne doit pas, à tout jamais, faire vivre dans l'indignité, dans la honte éternelle. Que les discours des deux maires UMP peuvent être particulièrement décourageants pour ceux qui rêvent d'un nouveau départ après une incarcération.

Au cours de cette chronique, j'ai répété plusieurs fois les noms de Francis Delattre et Sébastien Meurant, maires de Franconville et de Saint-Leu-la-Forêt, car ils connaissent cette semaine leur quart d'heure de gloire.

La semaine prochaine, ils seront heureusement oubliés, sauf pour quelques esprits révoltés qui à tout jamais les associeront à la médiocrité intellectuelle, à la politique de caniveau, à la connerie.

Gloire à Brassens, à Villon, à Verlaine, à Rimbaud, au Caravage, à Genet.

Égard vigilant, ni plus ni moins, vis-à-vis d'Ali Soumaré.

Honte à Francis Delattre et Sébastien Meurant.

29

Lapsus

5 mars 2010

Pour tous les gens de radio, le lapsus est l'accident professionnel le plus craint. Jacques Alba sur Radio Luxembourg avait annoncé en 1963 le jour du décès de Jean XXIII : « Le pope est mare », avant de se reprendre : « Le saint mère est port. »

« Lapsus », le mot est merveilleux. Il semble une invitation, une double exhortation au plaisir... Lapsus.

Le lapsus, le fourchage de langue, l'accroc sur une syllabe, l'égratignure d'un nom propre, le contrepet involontaire, le bafouillis, le bredouillement, le bredouillage, le balbutiement sont autant de phénomènes redoutés par tous ceux qui font profession de parler devant un micro. Véritables trapézistes de la parole en direct, ils travaillent sans filet.

Prenons un exemple de catastrophe radiophonique avec un document sonore exceptionnel que nous allons écouter. C'était le 7 avril 2008 et Fabrice Drouelle présentait le journal de huit heures sur France Inter et ce fut, vous allez vous en rendre compte, un véritable festival digne des plus beaux bêtisiers...

Dans quelques instants. Un document INA Radio France...

Un petit problème technique nous empêche de le diffuser, ce n'est pas grave, je vais simplement rappeler cette suite d'erreurs qui ont été faites en direct.

À moins que l'on puisse retrouver le document ? On me fait signe que non. Donc, je vais lire les savons de Fabrice qui ce jour-là avait été surnommé par toute la rédaction « Le Marseillais ».

L'homme le plus écouté de France donc, dans le journal matinal du 7 avril 2008, avait prononcé plusieurs interversions. « Le président Sarkozy dévoie les cieux » au lieu de « Le président Sarkozy déçoit les vieux ». Il avait également dit, au lieu de « Culture : budget amputé », « Pulture : budget enculté ». « Rama Yade aurait-elle baisé dans le car des Français ? », au lieu de « Rama Yade est-elle utile ? »

Également des erreurs parfois astucieuses puisque Fabrice avait évoqué « la dernière scène du metteur en pièce Robert Hossein », et enfin Fabrice Drouelle avait conclu un papier par un très surprenant « André Santini pue des pieds » à la place de « Vers une reprise des négociations au Moyen-Orient ».

J'aurais souhaité interroger Fabrice Drouelle au sujet de ce journal maudit qu'il garde dans son cœur comme une véritable blessure mais il a préféré garder le silence. Pudeur ? Embarras ? Léger sentiment de honte ? Peut-être.

D'une manière assez sèche, il m'a répondu : « Ce n'est pas la peine de retourner le poteau dans la claie... »

Nous comprenons et respectons ce choix.

Je voulais juste profiter d'un jour où, n'étant pas en direct, j'ai tout loisir de réenregistrer autant de fois que je le veux cette chronique pour évoquer cette hantise que connaissent tous ces funambules du direct, chroniqueurs, animateurs, journalistes de radio et citer cette pensée de Jean Baudrillard :

« Toute grande pensée est de l'ordre du lapsus. »

Un papier d'humoriste conclu par Jean Baudrillard. Pardon, mais vous êtes bien sur France Inter.

30

L'homme à abattre

12 mars 2010

Il y a un homme à abattre en ce moment, un type contre qui tout le monde s'acharne. Vous voyez qui je veux dire ? Quelqu'un qui, pour beaucoup, est le mal absolu… Un homme dangereux, malhonnête, détestable…

Non, il n'est pas spécialement petit…

Non, ce n'est pas un transfuge du parti socialiste…

Non, d'ailleurs il n'est pas au gouvernement…

Non, non…

Vous voyez de qui je veux parler ?

Quelqu'un qu'on connaît depuis des décennies. Dans les années cinquante il est apparu…

Non, il n'est pas borgne.

De toute façon, ce n'est pas un homme politique.

Vous voyez maintenant ?

Un type vraiment abominable, ignoble, atroce, exécrable, monstrueux !

Vous voyez qui je veux dire ?

Oui, Pierre Perret… Oui, l'auteur des « Jolies colonies de vacances », de « La cage aux oiseaux », du « Tord-boyaux »…

De quoi est-ce qu'on accuse-t-on mon client ? Ainsi que jadis interrogeait Luis Rego.

De plein de choses.

D'abord de prétendre avoir rencontré Paul Léautaud alors que ce n'est peut-être pas vrai.

D'avoir volé une image poétique à Federico García Lorca dans la chanson « Blanche ».

De soutenir que Georges Brassens ait pu être jaloux du succès de lui, l'auteur du « Zizi ».

Premier point. Et si Pierre Perret n'avait jamais rencontré Paul Léautaud, serait-ce si grave ? Est-ce qu'on en a voulu à Bernadette Soubirous de dire qu'elle avait rencontré la Vierge Marie ? Est-ce que Bernadette qui, à un moment de sa vie, voulait faire son trou dans le domaine du spirituel n'a pas cherché à se faire mousser auprès du clergé local ? C'est possible. Bien sûr, si Pierre Perret annonçait qu'il avait eu des contacts sexuels avec Bernadette Soubirous et Paul Léautaud en compagnie de Patrick Balkany et Brigitte Bardot, cela pourrait devenir sujet à caution. Mais là… Objectivement, Pierre Perret a fait connaître Paul Léautaud à des amateurs de chansons qui sans lui n'en auraient peut-être jamais entendu parler. Je repose la question : Est-ce si grave ?

Deuxième point, on reproche à Perret d'avoir pillé des poètes. Blanche dont les « cuisses fuyaient comme deux truites vives » ressemble à la femme adultère de Federico García Lorca dont « les cuisses s'enfuyaient sous moi, dixit le poète, comme deux truites effrayées ». Est-ce si criminel ? On reproche donc à Pierre Perret de piller les poètes. Moi, j'aurais plutôt tendance à reprocher aux chanteurs de ne pas assez dépouiller les poètes. Dans « Je t'attends » chanté par Johnny Hallyday, « Je t'attends. Je t'attends. Je t'attends. Je t'attends. Je t'attends. Je t'attends. Je t'attends. Je t'attends tout le temps. Tout le temps, tout le temps, chaque instant, je t'attends, je t'attends depuis longtemps », nulle trace en effet de Lorca.

Troisième point. Pierre Perret affirmant que Georges Brassens était jaloux du talent de Perret, c'est curieux et un peu ridicule. Surtout que la jalousie, je connais. Quand je ne suis pas chroniqueur sur France Inter, il m'arrive de faire l'acteur. Je sais que Michel Bouquet, Michel Piccoli et Robert Hirsch se réunissent souvent pour dire du mal de moi et pester contre la merveilleuse carrière qui est la mienne. Qu'est-ce que j'y peux ? Le mieux est de ne pas répondre.

Je ne connais pas personnellement Pierre Perret mais j'ai l'impression que l'on peut avoir quelque indulgence pour celui qui a écrit sans l'aide de personne...

Chez la jolie Rosette au café du Canal
Sur le tronc du tilleul qui ombrageait le bal
On pouvait lire sous deux cœurs entrelacés
Ici on peut apporter ses baisers

31

Même pas mal

19 mars 2010

J'aimerais que ma chronique d'aujourd'hui soit utile. Nous sommes vendredi, avant-veille d'un jour d'élection qui en France risque de laminer la droite républicaine. Ne croyez pas que je m'en réjouisse. Je ne fais pas de politique. Je ne suis ni de droite ni de droite. Je ne ressens donc aucun plaisir à constater la défaite du parti du président de la République qui a pris une tôle, un râteau, une veste, une gifle, une mornifle, une raclée, une branlée, une grosse déculottée, une dérouillée, un four, un bide, une sévère. Ne croyez pas que ça me fasse rigoler. Au contraire, j'aimerais pouvoir apporter ce matin un peu de baume au cœur, un peu de réconfort à tous ceux qui, non contents d'avoir connu l'échec cuisant dimanche dernier, connaîtront la défaite cinglante dimanche prochain. Je pense avec beaucoup de compassion à tous les responsables politiques de droite qui devront aller sur les plateaux de télévision faire bonne figure alors qu'à l'intérieur leurs cœurs seront gros.

« Même pas mal ! » crieront-ils tous en chœur sur la cour des récréations télévisuelles. « Même pas mal ! »

crieront-ils tous à terre, la bouche dans le sable, dans la boue, les habits déchirés, la casquette de travers, les genoux ensanglantés, les narines pleines de morve, les yeux pleins de larmes. « Même pas mal ! » crieront-ils malgré l'évidence du cataclysme qui les aura conduits vers le néant électoral.

J'aimerais ce matin leur apporter ma petite contribution en tentant de leur donner pour dimanche soir des arguments face aux trognes rubicondes et victorieuses de Martine Aubry, de Cohn-Bendit.

Il faut naturellement insister sur la victoire de Georges Frêche exclu du PS. Il faut noter que François Bayrou ne fait plus partie du paysage politique français.

Déjà. Déjà… Ensuite, dire…

Que ça pourrait être pire car ça peut toujours être pire. Les candidats de droite ont tous obtenu un nombre à deux chiffres, ce qui est particulièrement honorable à mi-mandat dans un contexte économique très difficile.

Enfin, que ça pourrait être pire. Car ça peut toujours être pire. Que la défaite précède la victoire. Et qu'après la pluie vient parfois la tempête. Voilà. Et aussi ne pas oublier de rappeler que Frêche a gagné, que Bayrou a perdu.

Voilà.

Et puis, il faut bien parler de l'affaire Jean Ferrat. Oui, monsieur Demorand, je parle bien de M. Ferrat et non de M. Biolay, même si toute l'intelligentsia germano-ardécho-pratine semble s'être donné le mot afin de laminer l'honneur de la droite française. Ne trouvez-vous pas particulièrement suspect, monsieur Demorand, je vous pose la question, que le chantre incontesté de la gauche française trouve la mort juste la veille d'un rendez-vous électoral aussi essentiel ? Ne trouvez-vous pas bizarre que, pour la première fois de son histoire, TF1 elle-même ait pu diffuser dans son journal de vingt heures des chansons en si parfaite opposition avec les thèses défendues par le gouvernement actuel ? A-t-on examiné le corps de M. Ferrat, je ne parle pas du corps de M. Biolay dont les soubresauts médiatiques, permettez-moi de vous le dire, monsieur Demorand, ne grandissent pas l'image de la France, notamment en Thaïlande, a-t-on pratiqué une autopsie, c'est le sens de ma question, sur le corps de Jean Ferrat qui a très bien pu être exécuté ni plus ni moins, mais bien sûr : le monde politique est féroce, afin de galvaniser la fibre gauchisante du pays. Et alors, si l'on veut trouver le coupable, monsieur Demorand, il faudrait se demander à qui profite le crime ?

Voilà une thèse à laquelle vos fins commentateurs, Achilli, Legrand et consorts, n'avaient sûrement pas pensé…

Aujourd'hui, je ne saurai trop conseiller à M. Michel Sardou de rester chez lui d'ici dimanche matin. Sa disparition, à coup sûr, pourrait raviver les sentiments patriotiques, nationalistes qui sommeillent en chaque Français et que Michel Sardou avec tant de fougue et de sincérité avait si bien chantés durant sa longue carrière… Mais on me signale que Michel Sardou n'est toujours pas mort.

Bon. Pour dimanche soir, je récapitule les arguments : Georges Frêche, François Bayrou. Bon courage.

32

Défense des fouines et des taupes
26 mars 2010

C'est un cri de colère que j'ai envie de pousser aujourd'hui. Un cri de rage. Un cri de dégoût. J'ai été particulièrement choqué – et tant pis si l'on trouve mon attitude peu confraternelle – par les propos de M. Stéphane Guillon qui s'est permis lundi dernier de comparer le ministre Éric Besson à « une taupe du FN au menton fuyant, aux yeux de fouine ». Oui, M. Guillon s'est cru autorisé sur une chaîne du service public à traiter un ministre de la République de taupe et de fouine !

Je suis scandalisé ! Je voudrais présenter au nom de Radio France toutes mes excuses auprès de toutes les taupes, de toutes les fouines, auditrices de France Inter, qui auraient pu se sentir blessées de se trouver ainsi associées à un personnage aussi contestable que M. Éric Besson.

Je voudrais profiter de cette intervention matinale pour rendre un hommage vibrant aux taupes, aux fouines qui sont sur le sol français, quelquefois sous le sol français, et qui n'ont certainement pas mérité de subir un tel affront. Les taupes sont de petits mammifères fouisseurs qui vivent dans des conditions souvent déplorables, souvent difficiles. Habitant des sols meubles, humides, parfois au péril de leur santé, elles passent, malgré une myopie particulièrement handicapante, leur vie à creuser des galeries avec méthode, avec courage, avec détermination. Elles se signalent par des monticules de terre appelés taupinières et je ne vois pas en quoi, monsieur Guillon, leur abnégation, leur force de travail présentent un quelconque rapport avec celui qui aujourd'hui au sein de la droite républicaine a réussi à banaliser les thèses du Front national tout en remettant au-devant de la scène politique le parti de Jean-Marie Le Pen. Je ne vois pas !

Je voudrais également évoquer le destin souvent difficile des fouines qui, de plus, et je le remarque pour le regretter, ne sont pas souvent invitées au micro de France Inter. La fouine est souvent critiquée. On la juge opportuniste. Est-ce cela que M. Guillon a voulu souligner en la comparant à M. Besson ? Alors je me ferai l'avocat de la fouine pour dire que, oui, elle est capable de dévaster un poulailler, oui, elle peut faire des dégâts dans les habitations en s'attaquant notamment aux circuits électriques mais il ne faudrait pas oublier, monsieur Guillon, comme vous avez tendance à le faire, que la fouine, par son action de dératisation, joue, et cela depuis l'époque de la Rome antique, joue un rôle de police sanitaire, rôle souvent ingrat, monsieur Guillon. Rôle souvent pénible, rebutant, répugnant, rôle que peu de nos contemporains auraient l'énergie ainsi que la force mentale d'endosser.

Je remarque, de plus, que M. Guillon n'a jamais eu le courage de s'adresser aux fouines et aux taupes en face à face, les yeux dans les yeux, dans un combat à armes égales.

On me rétorquera que l'idée d'un débat entre une

113

fouine et un humoriste est parfaitement absurde. Peut-être mais pas plus qu'entre un humoriste et un responsable politique.

La prochaine fois, je prendrai la défense des ragondins, des martres, des belettes, des loutres, des furets et surtout des putois qui toute leur vie connaissent la douloureuse humiliation d'entendre des réflexions aussi désagréables que « qu'est-ce que ça pue ! ».

33

In English

2 avril 2010

Hello mister Demorand and everybody.

I would like to say this morning my chronic in English. I am perfectly bilingual and I think that it is important to be not only frenchy-frenchy but to be opened to the perspectives on the entire world. Naturally I profited du fait that mister Sarkozy has visited mister Obama for saying the great friendship which exist between Americans and French people. Like said the big poet Michel Sardou

> *If the Ricans was not coming here*
> *You'll be all in Germany*
> *To speak about I don't know what*
> *To salute I don't know who...*

It's true. It's completely true. One more again, it's the words of the poet who illuminate the way.

So, mister Sarkozy and his pretty woman, Carla Bruni, was invited directly in the White House by Mister and Misses Obama. Not in the bistro of the corner but in the White House. It's a great honour.

Great, great, great honour ! Not only for the French president and the first Lady but for everybody in France. Because when mister and his pretty woman are invited, its you, its me, its mister Demorand, its mister Achilli, it's mister Legrand, Thomas Thetall who are invited.

Perhaps not exactly everybody. By example not mister Guillon. Mister Stephane Guillon..., I don't know if you know him. I don't know if you have hear speak of him... He begins to be very famous in France. He makes some chronics at the beginning of the week, amusing chronics, but very aggressive chronics... Yes and I think that, for the moment, it is better that he doesn't go inside in any presidential palace where he is not very in smell of holiness, in odeur de sainteté...

I think that today it is difficult for mister Guillon. Mister Besson said that mister Guillon was a racist, a lâche (I am sorry I don't know what is the traduction of « lâche » in English. Coward ? Ok of coward...). And mister Frederic Mitterrand, the French minister of culture, has said recently that « he detested the remarks of Stephane Guillon ». « I don't success to hear Guillon », he said and he has added : « In France, humorist people go too far. »

All the ministers now in France have to speak about Stephane Guillon. Many declarations, many assertions, many speech and during this time, the works of the various ministers are not done ! Are not done ! So I propose, not necessary to make a minister only consecrated to Stephane Guillon but perhaps a « special cellule » (« cellule spéciale » in French) for etudy every chronic of our friendly colleague.

So, I come back to my subject. Mister Sarkozy was very sad about mister Obama because he was not the first to be invited in the White House. Before him, eight head of states of Europe was invited : eight, not one, not two, not tree, not four, not five, not six, not seven but eight head of states of Europe was invited. It was finished by becoming hurted, humiliated : the Greek, the Sweden, the Dutch and him Nicolas Sarkozy, the great head of state of the France, no invitation. He said « What's happened ? I stink the pâté or what ? » But now, all is back to normal.

So much the better.

I think that it was very profitable for the American president to listen all the advice from the French president who success no where but who has an idea on all.

And now we sing all together...

> *If the Ricans was not coming here*
> *You'll be all in Germany*
> *To speak about I don't know what*
> *To salute I don't know who*

34

En quête de notoriété

9 avril 2010

Bonjour je m'appelle François Morel M.O.R.E.L. et j'exerce le métier de chroniqueur sur France Inter, la radio généraliste et de référence du service public, ce qui, vous en conviendrez, n'est quand même pas rien. Je pratique cette profession de chroniqueur essentiellement le vendredi, jour du poisson et de grasse matinée pour mes collègues Guillon et Porte qui du lundi au jeudi occupent ma place. Nous sommes au mois d'avril, j'ai commencé cet emploi à partir de septembre, ce qui m'a permis d'obtenir une trentaine de cachets qui m'autoriseront un jour ou l'autre à prétendre à certains avantages qui me seront utiles notamment dans quelques années quand j'aurai besoin de faire un bilan professionnel afin de comptabiliser mes points retraite. Force est de constater que mes chroniques ont suscité beaucoup d'enthousiasme notamment chez tous les gens de goût et de talent, chez tous les esprits les plus éveillés, les plus pointus, les plus acérés, les plus exigeants (un enthousiasme qui je le dis en passant m'a paru quelquefois exagéré puisque, depuis mon engagement sur France Inter, je ne puis sortir de chez moi sans qu'aussitôt une horde d'admirateurs extravertis et souvent dénudés ne me fassent la ola afin d'exprimer leur enthousiasme, leur admiration pour ma personne qu'ils considèrent comme une sorte de demi-dieu, idéal et inaccessible, de surhomme, de chevalier des temps modernes alliant à la fois le courage, la justesse de ton, la finesse d'esprit, l'élégance et la hauteur de vues). J'ai depuis septembre reçu nombre de messages de félicitations, notamment de ma mère qui plusieurs fois m'a fait part de cette interrogation plus existentielle qu'il y paraît : « Mais où vas-tu chercher tout ça ? » Ajoutant avec un bon sens et une bienveillance qui ne se déparent jamais d'une bonne dose de vigilante attention : « Et puis au moins, quand tu es à France Inter, tu n'es pas au bistrot… »

Je dois cependant reconnaître que, sur le plan médiatique, les réactions ont été, somme toute, peu nombreuses… Évidemment, je ne suis pas Stéphane Guillon qui s'est fait traiter de tous les noms par le ministre le plus ignominieux du gouvernement devenu son principal attaché de presse. Je ne suis pas non plus Didier Porte qui s'est fait attaquer en justice par Arthur, personnage plus risible que comique. Je dois avouer à ma courte honte que, jusqu'à ce jour, aucun ministre, aucune personnalité des médias ne m'a insulté publiquement ni ne m'a assigné en justice. Ça commence à bien faire ! Qu'est-ce que j'ai de moins que les autres ? Pourquoi suis-je mis sur le bord de la route de l'infamie qui est également celle de la grande notoriété. Je vais donc essayer afin de réparer cette flagrante injustice de faire un certain nombre d'assertions qui j'espère déclencheront des réactions qui occuperont les médias dans les jours qui viennent et également l'agenda de Philippe Val et de Jean-Luc Hees un peu démunis ces derniers jours, tournant en rond dans leurs bureaux respectifs et qui avaient juste prévu pour la semaine prochaine de passer leurs journées à participer à un grand concours international de sudoku sur Internet.

Donc, voilà, je me lance...

Xavier Bertrand est une grosse belette malodorante.

Roselyne Bachelot est une truie immonde.

Brice Hortefeux est une vermine abjecte.

Rachida Dati fut une excellente garde des Sceaux.

La dernière phrase peut surprendre mais, même dans une chronique insultante, il ne faut jamais oublier sa dimension humoristique.

Merci d'adresser vos plaintes directement à M. Jean-Luc Hees qui vous présentera ses excuses.

Déjà je présente les miennes à Rachida Dati. Là, faut être juste, je suis peut-être allé un peu loin...

35

Miracle mon cul !

19 avril 2010

Jean-Paul II sera-t-il un saint ? Je ne demande pas si de son vivant Karol Wojtyla était un petit saint mais si aujourd'hui Jean-Paul II doit être canonisé ? La question passionne le monde épiscopal et fera l'objet de ma chronique de ce matin… Je sens déjà derrière leurs transistors certains catholiques peu enclins à la galéjade monter sur leurs ergots en prévoyant la lettre qu'ils enverront au directeur des programmes de France Inter : « Monsieur, je constate une fois de plus qu'il est plus facile de se moquer de la religion catholique que de critiquer la religion islamique autrement plus dangereuse… » Attendez, j'ai à peine commencé que vous m'interrompez. De plus, je consacre mon papier à la religion catholique sans même évoquer la question de la pédophilie, ce qui par les temps qui courent suppose un point de vue plutôt original. Attendez d'écouter ce que je vais dire…

Donc, pour être considéré comme un saint, il faut avoir accompli des miracles. Ah ben oui, ça ne se fait pas comme ça. Si vous croyez que devenir un saint, ça vous arrive tout rôti dans le bec, non, il faut faire des efforts. C'est comme partout, il faut faire ses preuves.

La sœur Marie-Simon-Pierre était atteinte d'une maladie de Parkinson. Un jour après la mort de Jean-Paul II, elle a pensé au souverain pontife disparu et paf, tout d'un coup, elle s'est retrouvée guérie. Drôlement contente qu'elle était, la sœur Marie-Simon-Pierre. Elle a alerté tout le monde. Le tribunal diocésain du vicariat de Rome a inscrit son témoignage dans son grand registre et les adorateurs de Jean Paul II étaient satisfaits d'imaginer leur idole au bord de la béatification.

« Dites donc, sœur Marie-Simon-Pierre, a dit un jour sa supérieure, mère Marie-Odile-Andrée, c'est bien joli de faire la vedette en tant que miraculée, mais le travail, ça se fait pas tout seul, allez donc à l'office et rapportez au réfectoire le sucre, la farine, la maïzena, le chocolat Poulain et puis qu'est-ce qui vous prend, arrêtez de faire la danse de Saint-Guy quand je vous parle !

— Pardonnez-moi, mère Marie-Odile-Andrée, c'est à cause des airs entraînants de Jo Akepsimas que j'ai dans la tête.

— Oui, eh bien arrêtez avec vos simagrées de yéyé, vous allez faire le remplissage des bocaux. Voici une louche, voici les bocaux, que le travail soit fini avant les vêpres... »

Une demi-heure plus tard, quand mère Marie-Odile-Andrée est revenue, le carrelage du réfectoire, les tables, les chaises, jusqu'au plafond, tout était maculé. C'était une horreur. Il y en avait partout ! Mère Marie-Odile-Andrée a aussitôt passé un coup de fil à Rome : « Dites donc, il y a pas de miracle, sœur Marie-Simon-Pierre est aussi guérie que moi je suis véliplanchiste ! »

Depuis cette histoire, on cherche des nouveaux

miraculés. Le pilote de Formule 1 Robert Kubica a réchappé d'un accident très grave au Grand Prix du Canada en 2007. Dans son casque il avait une photo de Jean-Paul II. « Miracle posthume de Jean-Paul II ! » s'est écrié le clergé polonais. « Miracle mon cul ! » ont répliqué les ingénieurs de chez BMW qui travaillent depuis des années sur la sécurité des habitacles des Formule 1.

Voilà où l'on en est. Si vous-même vous avez un poster de Jean-Paul II et qu'il vous arrive des trucs étonnants, écrivez au Vatican.

Vous voyez, chrétien chatouilleux qui m'avez interrompu en début de chronique, je ne me suis pas tellement moqué de la religion et je n'ai pas du tout fait allusion à la question de la fellation plus ou moins consentante dans les sacristies.

J'espère même avoir démontré que la religion catholique n'avait rien à voir avec les autres croyances tellement plus obscurantistes et fanatiques. Non ?

36

Sans déconner

30 avril 2010

Lundi dernier, moi qui vous parle, je participais à une émission de télévision du service public, « La Grande Librairie », consacrée à la lecture et pendant laquelle des comédiens français parmi les plus prestigieux (j'y étais) venaient lire des textes qu'ils aimaient sur la grande scène de la salle Renaud-Barrault du Théâtre du Rond-Point. Leurs prestations accomplies, les comédiens, soulagés, libérés, pouvaient, en buvant des coupes de champagne ou des verres de whisky, assister à la suite de l'émission qui était diffusée spécialement pour eux dans un salon et sur grand écran. J'étais en excellente compagnie puisque je me suis retrouvé assis près de Jean Rochefort et de Jean-Pierre Marielle.

Sur l'écran, tandis que nous devisions gentiment en sirotant nos breuvages respectifs, est apparu Frédéric Mitterrand, bel auteur notamment de *Lettres d'amour en Somalie* et momentanément attaché au gouvernement actuel.

« Tiens, qu'est-ce qu'il fout là ? a interrogé Jean-Pierre Marielle.

— Ben, comme nous, a répondu Jean Rochefort, il vient faire une lecture.

— Ah bon ? s'est étonné Jean-Pierre Marielle, mais… il est pas comédien.

— Non, bien sûr, a répliqué Rochefort, mais c'est quand même le ministre de la Culture. »

Marielle, lentement, avec un air de vieux chien dépressif, s'est tourné vers son copain du conservatoire puis a proféré avec la plus grande ingénuité : « Sans déconner. »

« Sans déconner », pas suivi d'un point d'interrogation. Ne cherchant pas une réponse, un acquiescement, une approbation. Non…

« Sans déconner », pas suivi d'un point d'exclamation non plus. Ne cherchant pas le débat, la discussion, la polémique.

Non. « Sans déconner. » Juste suivi d'un point même pas de suspension. « Sans déconner. » Comme une sorte d'étonnement triste. Un ahurissement mélancolique. Un effarement hypnotique. Une légère consternation peut-être.

« Sans déconner. »

Jean-Pierre Marielle quelques instants auparavant venait publiquement de lire du Jean Echenoz, puis avait dit simplement son amour pour les textes de Louis-Ferdinand Céline, mais là Jean-Pierre Marielle « Sans déconner » plaçait de façon magistrale son échelle de valeur.

« Sans déconner. » Bien sûr, il y a ce qu'on lit dans les journaux, l'actualité, les controverses, les discussions, les débats incessants, les critiques ininterrompues, les rumeurs qui occupent le monde, le vacarme du néant, le tumulte ordinaire, les scandales répétés, les gros titres et les petites combines, les noms des ministres, les nominations, les promus, les déchus, les embruns de l'océan médiatique, les miettes d'un pain rassis et quotidien mais « sans déconner », qu'est-ce que c'est à côté d'un poème qui nous transporte, une musique qui nous fait chavirer, un auteur qui toute notre vie nous accompagne, nous console de la vanité des hommes, de l'inanité des ambitions, de la tragédie programmée de chaque existence ?

« Sans déconner. » Jean-Pierre Marielle que je ne connais pas, Jean Rochefort que j'ai du mal à tutoyer, j'étais heureux d'être votre contemporain comme dimanche dernier à la Cartoucherie de Vincennes, j'étais heureux devant *Les Naufragés du Fol Espoir* d'être contemporain de la troupe du Théâtre du Soleil et d'Ariane Mnouchkine et d'Hélène Cixous qui présentent un spectacle magnifique, bouleversant, humain, ambitieux, accessible, populaire, lyrique, poignant, drôle, mélangeant Jules Verne et Jean Jaurès, *L'Internationale* et Chostakovitch, parlant de la naissance du cinéma, de l'amour, de l'utopie, du courage de vivre, de l'espoir, de la liberté, de l'égalité, de la fraternité. Trois heures quarante-cinq qui passent comme une lettre à la poste envoyée à un ami à qui l'on veut du bien.

Ah ! que c'est beau le théâtre quand il montre la vie plus belle que la vie, quand il montre le monde plus vaste que le monde, quand il montre un firmament plus élevé que nos rêves.

« Sans déconner ?

— Sans déconner ! »

37

Petite leçon d'optimisme

7 mai 2010

Tandis que je m'apprêtais à rédiger la chronique de ce jour, mon esprit vagabond vint frapper à la porte de ma conscience aiguisée afin de lui soumettre un certain nombre d'interrogations que je me permets de vous révéler en préambule.

« N'a-t-on pas tendance à n'utiliser que l'encre noire du pessimisme pour rendre compte de l'actualité du monde, à ne regarder notre époque qu'à travers les lunettes sombres et déformantes de la désespérance ?

— Si fait, mon seigneur », répondit ma conscience servile à mon esprit philosophe qui poursuivit sa brillante démonstration dialectique… « Il te faut, mon ami, te servir à nouveau du stylo quatre couleurs de ton enfance ! Il te faut chausser les lunettes roses d'un optimisme assumé et volontaire ! N'oublie aucune bonne nouvelle ! N'écarte aucun motif de réjouissance ! »

Convaincue par l'énergie de mon esprit fougueux, ma conscience se souvint d'un fait d'actualité qui ce matin devrait tous nous réjouir.

La question des retraites est en ce moment au cœur des préoccupations et j'avais moi-même été sensibilisé il y a quelque temps par le cas d'un petit couple de retraités dont bon nombre de journaux avaient fait écho. Après une longue existence de labeur et d'engagements divers dans la vie publique, alors que l'on aurait pu imaginer que le riche parcours professionnel du mari les aurait mis à l'abri du besoin et de la charité, on s'apercevait avec effroi que ces deux personnes âgées se retrouvaient quasiment à la rue, obligées de dépendre de la générosité de quelque bienfaiteur afin de pouvoir se loger.

À Paris, quai Voltaire, à deux pas du pont du Carrousel.

Ce couple, M. et Mme Chirac, retrouve aujourd'hui des raisons d'espérer une retraite heureuse puisque Mme Chirac vient d'entrer au conseil d'administration de LVMH et pourra ainsi toucher 650 000 euros en jetons de présence. Cette merveilleuse nouvelle était parfaitement inattendue puisque Mme Chirac est autant spécialiste du luxe que moi de la physique quantique.

Gageons que notre petit couple, grâce à ce nouvel événement dans leur situation financière, pourra désormais offrir les garanties nécessaires à l'obtention d'un prêt bancaire leur permettant l'acquisition d'un bien immobilier.

Ne lisez aucune sorte d'ironie dans cette humeur matinale. Il est possible que les Chirac, sans forcément tirer le diable par la queue, puissent connaître des fins de mois difficiles. Je signale que la retraite de M. Chirac est nettement inférieure à celle que M. Sarkozy touchera puisque je rappelle que l'une des toutes premières mesures sociales du président de la République actuel aura été d'augmenter son salaire personnel de 140 %, passant de 8 900 euros à 19 000 euros, ce qu'aucun salarié de ce pays ne devrait oublier au moment où on lui demandera de faire un effort financier.

Moi qui dans mon entourage ne connais personne logé aux frais d'une princesse dont on ne voudrait pas savoir de quel service elle a bénéficié pour dispenser ainsi ses largesses, moi qui dans mes relations ne connais personne qui aurait décidé d'augmenter ses émoluments de façon si arrogante, je trouve comme vous que l'honneur des humoristes est de ne pas tomber dans le poujadisme et l'écueil du « tous pourris ».

Mais, franchement, il faudrait que les hommes politiques y mettent un peu du leur.

38

Le mot défendu
(En direct de Lille)

14 mai 2010

Bonjour ô Demorand dans ce lieu culturel
J'ai décidé pour toi et tes adorateurs
De te parler d'un mot en ces temps si cruels
Avec mon grand génie de versificateur...

C'est un mot défendu c'est un mot qui fait peur
C'est un mot condamné par la majorité
Si tu es UMP je t'en prie auditeur
Ne le prononce pas non ne l'emploie jamais
Car ce mot à proscrire ce mot à oublier
Est le plus dangereux et le plus ravageur
Ce mot à supprimer bien sûr tu le connais
Ce mot insupportable oui c'est le mot rigueur

Il ne doit plus entrer dans ton vocabulaire
Des mots il y en a tant que tu peux préférer
Choisis un autre mot saisis ton dictionnaire
Et trouve un doux vocable à l'aspect plus sucré
Parle puisqu'il le faut de panne de croissance

De solidarité pour les consommateurs
Et d'efforts à fournir d'utile vigilance
Parle d'austérité peut-être à la rigueur

Ce mot n'est pas nouveau il sent la moisissure
Il vient à point nommé quand on voudrait l'exclure
Quand il faut à nouveau se serrer la ceinture
Et faire un minestrone avec les épluchures
Ce mot n'est pas tout neuf il sent son lourd passé
On le voudrait fini le souhaiterait mort
Au moment où l'on croit qu'il vient de trépasser
On s'approche intrigué merde ! Il respire encore…
Janvier soixante-seize j'avais juste seize ans
La rigueur s'appelait en ces temps Raymond Barre
Giscard deux ans plus tôt fut élu président
Rien qu'en les regardant moi j'avais le cafard
Mitterrand arriva et un espoir céleste
Mais le rêve partit quand Mauroy s'en alla
On réutilisa ce mot que l'on déteste
En descendant sur terre. Le réel est ingrat.

Arrêtons s'il vous plaît nos circonlocutions
Monsieur Copé a dit « Le mot que j'utilise
Eh bien c'est la rigueur » sans dissimulation
Alain Juppé aussi eut la même franchise
Sitôt dit sitôt fait monsieur Henri Guaino
Est monté au créneau pour esquiver le mot
Taclant les deux rebelles et montant la sono
Pour le maire de Meaux et celui de Bordeaux

Faudrait-il appeler un chat un vieux matou ?
Faudrait-il inventer des mots inopinés ?
Faudrait-il dans le fond ne rien dire du tout
Par crainte par terreur devant la vérité
Faudrait-il simuler de croire qu'ici-bas

Tout va bien tout est beau tout est parfait tout roule
Que dites-vous pardon « baisse du pouvoir d'achat » ?
Taisez-vous malheureux ! N'excitez pas la foule !

Les usines qui ferment et les licenciements
Hélas la conjoncture ici n'est pas propice
Heureusement là-bas aux îles Caïmans
Des escrocs en col blanc comptent leurs bénéfices
Les gens travaillent plus et pourtant gagnent moins
On donne moins d'argent pour le service public
L'hôpital est malade aurait besoin de soins
L'école est, elle aussi, dans un état critique

Au milieu du marasme en plein cœur de la crise
Quand tout va à vau-l'eau et que tout se délite
Ce sujet voyez-vous passionne mobilise
Le bien-fondé d'un mot excite les élites...
Au cœur de la tempête et du vent qui secoue
Vaine pourrait sembler pareille polémique
C'est un rite français quand le bateau s'échoue
L'équipage discute un point de sémantique

Je dirais pour finir que dans ces circonstances
Dans le fond, ce n'est pas le mot qui me fait peur
C'est ce qu'il va charrier de peine et de souffrance
Car on ne sait jamais quand finit la rigueur...

Petit curé

21 mai 2010

C'est un petit curé qui ne fait pas de bruit. Un petit curé qui a une Twingo rouge et qui le dimanche matin va d'une église à l'autre pour aller porter la bonne parole du Bon Dieu auquel il a bien le droit de croire.

C'est un petit curé qui ne fait pas de distinctions. Un petit curé qui aime tout le monde, les hommes et les femmes, les Blancs et les Noirs, les jeunes et les vieux. Un peu moins les gens de son âge. Enfin, ce n'est pas qu'il ne les aime pas mais il ne sait pas trop quoi leur dire… La politique, il n'y connaît rien… Le foot, ça l'indiffère… Il ne peut pas parler de sa femme, de ses enfants qui grandissent, de son travail.

« Vous faites quoi dans la vie ?

— Bah… je prie, je baptise, je donne la communion et puis parfois l'extrême-onction… »

Non, ça n'intéresse pas trop les gens…

C'est un petit curé qui ne fait de mal à personne. Il a un Plan d'épargne populaire que sa mère lui a ouvert. Il a une collection de vieux 33-tours. Des trucs anglais qu'il reprenait dans les années soixante-dix quand, dans les colonies de vacances, il était chargé d'animer les veillées. Il a aussi toute une ribambelle de neveux, de nièces qui de temps en temps viennent lui rendre visite, surtout quand ils ont besoin de se confier, quand ils sont désespérés parce qu'ils viennent de se faire plaquer par Charlotte, parce qu'ils ont découvert que Thibault sortait avec Samantha, que Clémentine avait plusieurs amants. C'est un petit curé qui ne fait pas trop de sermons. C'est un adulte mais qui ne juge pas. Il comprend beaucoup de choses. Il ne veut pas critiquer franchement Benoît XVI mais le préservatif, il n'est pas foncièrement contre. C'est un petit curé dont on pourrait se demander si jadis, dans un passé lointain, il n'avait pas été, lui-même, un jeune homme. L'autre jour, un dimanche de baptême, il a soulevé un bébé au-dessus des fonts baptismaux, le beau-frère du parrain, un gros type moustachu, a dit : « Dites donc, vous les prenez jeunes maintenant… » La famille a rigolé. Le curé a souri, un peu gêné… C'est un petit curé qui ne fait pas de vagues…

L'autre dimanche, un enfant de chœur a éclaté en sanglots à cause de sa maman qui était partie à l'hôpital.

« Ça va s'arranger… Le cancer, aujourd'hui, il y a plein de gens qui en réchappent, ta maman a été prise à temps, tu vas voir, je te promets, ça va s'arranger… », a dit le petit curé d'une voix apaisante et puis il a caressé la chevelure blondinette et frisée du petit enfant de chœur inquiet.

La dame qui s'occupe du catéchisme et qui vient l'assister pour la lecture des épîtres a passé la tête juste à ce moment-là dans la sacristie. Après l'office, rouge encore de colère et de dégoût, elle l'a prévenu… « Vous savez, je vous le dis tout de suite, la prochaine fois, je serai obligée de vous dénoncer. »

L'émotion de la dame n'est tombée que longtemps

plus tard, devant la pâtisserie, quand fébrile encore, elle a relaté son fait d'armes : « Vous savez, je lui ai dit, curé ou pas curé, je suis désolée mais la prochaine fois, je serai obligée de vous dénoncer, ça ne se passera sûrement pas comme ça, sûrement pas… »

C'est un petit curé qui lit les journaux, écoute la radio, regarde la télévision, qui aime bien entendre dans les éditoriaux que ce n'est pas bien de faire l'amalgame entre les musulmans et les intégristes, entre les homosexuels et les pédophiles.

Parce qu'il est d'accord. Il sait que lui n'a jamais eu un mot déplacé, un geste à regretter et si parfois, la nuit, il rêve de frotter son corps contre un autre corps, personne d'un peu humain ne saurait lui reprocher…

C'est un petit curé qui est effrayé d'entendre rire et crier les loups dans leurs tanières tapissées de certitudes.

C'est un petit curé qui parfois, pour se consoler, se souvient d'une chanson de Georges Brassens…

> *Anticlérical fanatique*
> *Gros mangeur d'ecclésiastiques*
> *Cet aveu me coûte beaucoup*
> *Mais ces hommes d'Église hélas*
> *Ne sont pas tous des dégueulasses*
> *Témoin le curé de chez nous*

Molière, notre contemporain

28 mai 2010

On a souvent tendance à penser que l'on ne sait pas rire dans les milieux de la droite souverainiste que l'on imagine volontiers austères, rébarbatifs, rigoristes et même, selon l'expression de Nicolas Demorand, « coincés du cul ». C'est faux. Un article du *Parisien* de ce mercredi 26 mai montre le contraire. Ainsi, chez les enfants de Philippe de Villiers pour qui la famille est, selon ses propres mots, « le premier cadre d'éducation, de protection et d'entraide », on ne s'ennuie pas souvent.

Guillaume de Villiers, trente-deux ans, vient d'être renvoyé devant les assises des Yvelines car il est accusé de viol sur son frère cadet Laurent. Laurent de Villiers a aujourd'hui vingt-six ans. Il s'est installé au Nebraska avec son épouse et leur petite fille de quinze mois afin de fuir cette famille qui était la sienne et sur laquelle il semble poser un regard contrasté, mitigé concernant son éducation, sa protection, son entraide.

Le juge Jean-Michel Bergès estime qu'il existe des charges suffisantes contre Guillaume de Villiers. Selon lui, les éléments à charge sont confirmés par huit témoins. Le magistrat note que les experts n'ont décelé aucune perversité chez Laurent de Villiers et qualifie de « pression non dissimulée » la visite de son frère venu aux États-Unis pour dissuader Laurent de poursuivre dans la voie judiciaire.

Guillaume de Villiers, qui a toujours nié les faits devant la justice, a réagi au travers de son avocat en disant qu'il allait faire appel de cette décision.

La justice devra donc mettre en lumière cette question : Chez les de Villiers, un grand frère a-t-il violé son petit frère ou un petit frère calomnie-t-il son grand frère en l'accusant de pratique ignominieuse ?

Philippe de Villiers, grande conscience morale dans l'Ouest catholique, propose, dans son Mouvement pour la France, de supprimer les allocations familiales pour les parents coupables de manquements graves dans l'éducation de leurs enfants. Ne serait-il pas envisageable de réclamer le remboursement de tous les avantages dont M. et Mme de Villiers auraient bénéficié pendant toutes ces années où ils auraient laissé se développer sous leur propre toit des agissements hautement condamnables ?

Ou alors faut-il penser qu'il est plus sain de se violer les uns les autres plutôt que de s'abîmer les yeux avec Internet, ou de se détruire les oreilles avec de la musique de voyous ?

Imaginez un peu ce que ce grand représentant de la police des mœurs aurait bavé si cette pathétique affaire avait fleuri au sein d'une famille de responsables socialistes, communistes, écologistes. Imaginez les mots qu'il aurait servis… Décadence, dégénérescence, déclin, perte des valeurs. Ça aurait fait un joli discours.

Parce que, pour les discours, le vicomte pourfendeur n'est pas le plus mauvais. Quand le drame de

La Faute-sur-Mer en Vendée est survenu lors de la tempête Xynthia, Philippe de Villiers, président du conseil général de Vendée, n'a pas eu de mots assez durs pour fustiger l'incompétence, l'inconséquence des maires qui avaient donné des autorisations de permis de construire et des promoteurs « qui ont fait du fric ». Dans un récent dossier du *Nouvel Observateur*, on pouvait lire un procès-verbal montrant que l'interdiction d'installer des lotissements à La Faute-sur-Mer aurait été possible mais que le conseil général ne s'était jamais opposé à la construction de maisons sur des parcelles de terrain où quelques années plus tôt on voyait des vaches qui paissaient les pieds dans l'eau…

On s'étonne parfois que Molière soit toujours d'actualité, que l'on puisse trouver dans ses pièces des corrélations avec l'époque actuelle. C'est vrai. Mais il faut surtout féliciter M. de Villiers qui parvient à moderniser avec autant de constance et d'assiduité le personnage de Tartuffe.

41

En direct de chez Demorand[1]

4 juin 2010

Une nouvelle qui cette semaine a bouleversé le monde des médias : Nicolas Demorand a décidé d'abandonner la Matinale de France Inter. L'information a fait l'effet d'un coup de tonnerre puisque c'est tout un pan de l'histoire de la radio publique qui vient de s'écrouler. Nicolas Demorand, c'était évidemment les interviews musclées, c'était les coups de cœur littéraires. C'était surtout un sens de la repartie hors pair. Sur la cour de récréation, nous sommes en avril 1976, il a cette réplique cinglante face à un camarade qui le traite de « gros plein de soupe » : « Celui qui le dit qui y est ! »

Oui, c'était ça Nicolas Demorand, la culture, le sens de la repartie, l'humour aussi évidemment. Ici à France Inter, c'est la consternation, c'est l'embarras, c'est la tristesse. C'est aussi le désir de récupérer sa place. Nombre de journalistes depuis l'annonce de la nouvelle ont fait sonner leurs réveils à deux heures et demie du matin afin

---

1. Nicolas Demorand devait quitter la matinale pour reprendre la tranche du soir sur France Inter avant de quitter le service public pour rejoindre Europe 1.

de savoir, par expérience, dans quel état ils se trouvent à cette heure aussi matinale. Fabrice Drouelle a une petite longueur d'avance sur ses camarades puisque depuis des années c'est un lève-tôt. En effet, comme l'a dit Jean-Luc Hees, à cette heure-là, on n'a pas forcément besoin du journaliste le plus connu mais du plus matinal. Ou du plus couche-tard. Guillaume Durand pourrait choisir de quitter le Baron, le Queen ou chez Régine pour aller directement aux studios de l'avenue Mangin.

Gilbert Van der Smissen, notre envoyé spécial, est au domicile de Nicolas Demorand pour nous rendre compte de l'ambiance qui règne sur les lieux mêmes où le journaliste vedette a ses habitudes, son intimité et j'ai envie de dire sa part d'ombre... Gilbert ?

« Oui, François, eh bien oui, c'est une ambiance crépusculaire ici, une ambiance de fin de règne au domicile de Nicolas Demorand qui a quitté son appartement vers trois heures ce matin même. Après être passé par la cuisine où j'ai manqué tomber en glissant sur une des nombreuses canettes de bière jonchant le sol, je me suis actuellement réfugié dans la penderie de la chambre de Nicolas où semble-t-il le ménage n'a pas été fait depuis des lustres. Des costumes en boule, un amas de slips et de chaussettes. Lorsque je suis arrivé dans l'appartement j'ai été accueilli par plusieurs enfants qui visiblement regardaient la télévision en mangeant des chips et en buvant du Coca-Cola. Quand je me suis étonné de les voir si peu préparés pour aller à l'école, ils m'ont avoué qu'ils n'y allaient plus depuis des mois puisque leur mère, non encore levée, avait décidé de ne plus les y accompagner... J'entraperçois, dans le lit, une personne qui pourrait être l'épouse de Nicolas, et qui peut-être pourra me donner son sentiment sur cette nouvelle extraordinaire, le départ de Nicolas Demorand de la tranche 6 h 30-10 heures...

Oui, s'il vous plaît, votre sentiment ?... (*On entend un grognement puis des ronflements...*) »

Gilbert ? Gilbert ?

« Oui, eh bien, écoutez, François, c'est tout ce que je pouvais vous dire au moment où je vous parle. C'était Gilbert Van der Smissen, en direct du domicile de Nicolas Demorand... »

Merci, Gilbert. Vous n'hésitez pas à reprendre l'antenne si un nouvel événement survenait...

« François ? Eh bien oui, justement, c'est extraordinaire, la personne qui pourrait être l'épouse de Nicolas Demorand vient de se retourner dans son lit dans un demi-sommeil ! »

Gilbert ? Au moment où vous me parlez, une personne dans le lit de Nicolas Demorand vient de se retourner ? C'est ce que vous êtes en train de me dire ? Gilbert ?

« Absolument François, dans un demi-sommeil ! C'est vraiment de l'information en direct ! La personne vient de se retourner. Une bouteille de rhum agricole vient au moment où je vous parle de tomber du lit. C'était Gilbert Van der Smissen en direct du domicile de Nicolas Demorand. »

Merci Gilbert.

Je ne suis pas à proprement journaliste mais je dois dire modestement que lorsque l'actualité est vécue avec cette force de l'instantané, c'est un frisson qui parcourt l'échine de l'homme des ondes que je suis. On peut comprendre que Nicolas Demorand quitte la tranche matinale pour retrouver une nouvelle hygiène de vie et peut-être une sorte d'équilibre familial. Nicolas en effet sera toujours sur France Inter mais à un autre horaire.

Comme, semble-t-il, Stéphane Guillon à qui l'on a proposé la lecture du bulletin de la météo marine la nuit sur les ondes courtes du service public.

Bonne semaine. À vendredi !

42

51

11 juin 2010

J'aimerais aujourd'hui exceptionnellement instrumentaliser l'antenne à des fins personnelles. Je sais, ce n'est pas conseillé par les temps qui courent, je dirais même que c'est effectivement intolérable et je risque d'être sanctionné comme il se doit. Mais tant pis, je prends le risque parce que je vis en ce moment des choses personnelles pas faciles-faciles et, si je m'épanche aujourd'hui sur les ondes nationales, c'est afin de faire partager le poids qui leste mon cœur, gros à peu près comme un cheval mort. Un cheval mort, j'aime autant vous dire, ça pèse son poids. J'en parlais à un voisin équarrisseur dernièrement qui me disait textuellement : « Ouh là là, un cheval mort, j'aime autant vous dire, monsieur Morel, que ça pèse son poids. Ouh là là ! » Ce qui par conséquent corrobore mon analyse première quant au poids du cheval mort puisque je viens de la valider par un point de vue professionnel et autorisé.

Voilà, je vous dis tout net ce qui m'a bouleversé cette semaine. Hier, j'ai eu cinquante et un ans. Oui, je sais, vous avez du mal à le croire. « Comment ?

cinquante et un ans ? s'étonnait mon voisin équarrisseur, mais ce n'est pas possible ! Mais votre teint est
frais comme la rosée du printemps ! Mais votre allure
est celle d'un jeune homme ! Mais vous ressemblez
ni plus ni moins à un perdreau de l'année ! En plus,
ce n'est pas pour vous flatter mais qu'est-ce que vous
êtes bien gaulé, craquant comme un Petit Lu, le sourire
enjôleur, le regard franc, la mèche rebelle couleur de
jais, le menton victorieux, le nez aquilin, le visage
et le corps parfaits que l'on ne voit guère que dans
les publicités sur papier glacé pour la mousse à raser
ou les slips Sloggi. » (Merci de bien vouloir arrêter
immédiatement l'enregistrement vidéo.)

Oui, c'est vrai, je fais très jeune et je crois que je
ne laisse pas indifférent mon voisin équarrisseur qui
a posé sa main sur mon épaule en me disant d'un ton
particulièrement commercial : « Vous savez, à l'occasion, si vous avez un cheval mort sur les bras, je suis
votre homme... »

Toute l'année, la direction de France Inter a été
félicitée par de nombreux auditeurs. « Bravo de donner
leurs chances à des jeunes chroniqueurs ! De donner
un coup de pouce à des post-adolescents aussi talen-
tueux... »

Ces auditeurs, je suis désolé de le dire, se mépre-
naient. J'ai atteint hier l'âge respectable de cinquante
et un ans.

J'ai reçu en cadeau un gros paquet de sel de la part
d'Huguette Gouin qui habite à Fontenay-le-Marmion
dans le Calvados et qui est une fidèle auditrice. Un
gros paquet de sel comme jeté sur la plaie vive de
ma douleur.

Cinquante et un ans !

Cruelle Huguette ! Impitoyable Huguette ! Cinglante
Huguette ! Implacable Huguette !

Cinquante et un ans !

Je sais, ça intéresse peu de gens mais tant pis je veux le crier à la face du monde comme pour exorciser ma peine, mon malheur, ma désolation. J'ai cinquante et un ans et je ne laisserai personne dire que c'est le plus bel âge de la vie.

Cinquante et un ans, oui, cinquante et un ans ! Mais ce n'est pas possible ! Regarde Nicolas Demorand, après huit années de matinales, on dirait ton père. Je sais bien. Je sais bien… Pourtant mon numéro de Sécurité sociale, ma carte d'identité, mon permis de conduire me le rappellent continuellement. J'ai cinquante et un ans. J'ai cinquante et un ans et je ne sais toujours pas ce que je veux faire dans la vie. J'ai cinquante et un ans et je passe ma vie à rêvasser vainement à des choses vagues.

Mon voisin n'est pas seulement équarrisseur et homosexuel. Il est également lettré. C'est lui qui m'a cité Jacques Sternberg et je ne pense pas que c'était dans l'intention de me consoler : « Quand on a dépassé la cinquantaine, on régresse à peu près sur tous les plans sauf celui des regrets. »

43

Fini de rire

25 juin 2010

Quel bordel ! Mes amis, quel bordel ! L'affaire Guillon, l'affaire Porte sont devenues nationales. Les hommes politiques ont réagi avec virulence, les humoristes sont montés au créneau. Le président de la République m'a demandé de passer à l'Élysée afin de traiter l'humour sur France Inter. On voit par là que le président a le sens des priorités. L'équipe de France, Porte-Guillon et la semaine prochaine, s'il trouve le temps, il s'occupera des retraites. Tout le monde a fait sa déclaration. Notre camarade Guy Carlier s'est ému de la liberté d'expression. Il a raison. Qu'il s'inspire de Didier Porte et de Stéphane Guillon pour évoquer avec autant de virulence son employeur Lagardère et mesurer ainsi sa liberté d'expression sur Europe 1.

Quel bordel ! Moi, France Inter, c'est ma radio. Depuis toujours. Depuis le lycée, quand je rentrais sur mon vélo pour écouter Jacques Chancel qui radioscopait ceux que j'avais tellement envie de rencontrer. Depuis mes soirées d'adolescent passées dans mon lit avec José Artur, en tout bien tout honneur, qui me faisait connaître des peintres, des artistes, un certain esprit, un certain humour, une forme d'insolence élégante. Depuis mes années de fac, quand ma journée s'arrêtait pour écouter Claude Villers, Pierre Desproges, Luis Rego et le Tribunal des Flagrants Délires. France Inter, c'est ma radio. Celle de Pierre Bouteiller et de Brigitte Vincent. Celle que j'écoutais quand Gérard Sire de sa voix chaude disait ses contes si bien écrits, si surréalistes, offrant sans le savoir des perspectives à l'humoriste que je rêvais de devenir un jour. Pour moi, France Inter c'est, pour paraphraser Antoine Vitez, une radio « élitaire pour tous ». Exigeante et populaire. Insolente et respectueuse de chacun. Tout ça pour vous dire que ce qui se passe en ce moment m'affecte, me bouleverse, m'attriste. Comment en est-on arrivé là ? Comment cette radio qui à longueur d'antenne prône tant l'échange, le dialogue, peut paraître aujourd'hui si fermée ?

« Je ne suis pas Domenech », dit Jean-Luc Hees.

Méfie-toi, Jean-Luc, tu n'en es pas si loin… L'arrogance dont tu faisais preuve mercredi midi vis-à-vis de Stéphane Bern au journal de treize heures en balayant sa réaction plutôt digne (« Ça coûte pas cher de se déclarer solidaire trente secondes… ») n'est pas sans rappeler l'attitude du patron des Bleus. Ton affirmation selon laquelle l'humour n'avait pas sa place le matin, contredisant totalement ce que Philippe Val m'assurait le soir au téléphone (« Tout ça c'est des conneries ! »), ressemble à une façon de diriger floue, nébuleuse, indéfinie.

« Je ne m'appelle pas Domenech », dis-tu. Ça tombe bien, je ne m'appelle pas Anelka et ne t'inviterai donc pas à pratiquer la sodomie passive. Je suis cependant triste de constater que l'ambiance de merde qui sévit actuellement à France Inter n'est pas sans rappeler celle qui a existé au sein de l'équipe de France et a conduit à sa perte. Le mépris n'est jamais une bonne méthode de gouvernance.

J'adresse à Didier Porte et à Stéphane Guillon mes sentiments fraternels, mes regrets de ne plus les entendre sur la chaîne. J'ai du mal à comprendre en particulier que Didier Porte soit écarté du Fou du Roi où son style caustique, mordant, impitoyable vis-à-vis des fausses valeurs et des vrais pantins contrebalançait si bien l'attitude naturellement empathique et indulgente de Stéphane Bern.

Si, comme le souhaite Jean-Luc Hees, l'humour doit être banni à sept heures cinquante-trois, vous remarquerez que déjà ce matin je n'ai pas pollué l'antenne par un excès de rigolade.

Bonnes vacances à tous. On en a besoin.

DEUXIÈME SAISON

44

Morel revient !

3 septembre 2010

Après les événements qui au mois de juin ont agité France Inter, des événements particulièrement violents, passionnés, choquants, traumatisants à côté desquels l'entrée des chars russes en Tchécoslovaquie pourrait passer pour une joyeuse promenade de printemps, l'envahissement de la Pologne par les troupes nazies comme un inoffensif voyage interculturel, la question qui a mis en ébullition toutes les rédactions de France, et a fait passer le renvoi des Roms, les multiples rebondissements de l'affaire Woerth-Bettencourt, les habituelles rodomontades estivales et vaines du président de la République sur la question de la sécurité, les élections en Haïti, autant de sujets qui sont passés pour des péripéties sans importance, des vicissitudes uniquement destinées à faire patienter les lecteurs, les auditeurs, les citoyens de ce pays tous obnubilés par la seule question qui méritait d'être posée, la seule question digne d'intérêt qui véritablement a passionné, inquiété, angoissé, la seule interrogation qui a mis en effervescence nombre de réunions de famille, de comptoirs de bistrot, de vestiaires de salle des sports, de sacristies d'église : Morel va-t-il, oui ou non, revenir à France Inter le vendredi matin ?

Eh bien oui, il semblerait que l'on puisse dire que, comme Jésus en son temps, Morel revient. Il semblerait... Je parle au conditionnel... qu'il ait choisi de revenir apporter sa bonne parole, son formidable esprit d'analyse et son immense culture sur les ondes de France Inter. Soulagement pour les uns, déception pour les autres, la question était sur toutes les lèvres pendant toutes ces dernières semaines.

Notre envoyé spécial Gilbert Van der Smissen confirme que son retour sur les ondes nationales est confirmé... Gilbert ?

« Eh bien oui, il semblerait effectivement que François Morel ait quitté son immense propriété ce matin même pour se rendre avenue du Général-Mangin. Une limousine noire à vitres fumées l'attendait devant la grille de son château pour le conduire dans les studios de France Inter. La limousine était conduite par un chauffeur à casquette sous laquelle des voisins physionomistes auraient cru reconnaître Didier Porte lui-même. Tandis que, de source bien informée, la pelouse de François Morel aurait été tondue pas plus tard qu'hier après-midi par Stéphane Guillon. On peut donc souligner que l'humoriste du vendredi dont on connaît l'humanité, la charité, la bonté, le don de soi...

— La générosité...

— Comment, François ?

— Non, je disais la générosité.

— Pardon, je n'ai pas entendu...

— Non, je disais la formidable générosité de François Morel...

— Exactement, oui, la générosité, n'a pas oublié

ses anciens collègues puisqu'il aurait offert à l'un et à l'autre des emplois qui leur permettront d'ores et déjà d'attendre des jours meilleurs. Je signale enfin, François...

— Oui ?...

— ... que l'on vous entend en ce moment sur France Inter et qu'il était donc parfaitement absurde de m'appeler pour confirmation.

— C'est très juste, cher Gilbert...

— C'était donc Gilbert Van der Smissen pour France Inter. J'en profite pour vous signaler, François, que le facteur vient de passer et que je me permettrai de vous emprunter le dernier *Penthouse* que vous venez de recevoir.

— Merci Gilbert. »

Je rappelle donc l'information de la matinée qui naturellement éclipse toutes les autres. Morel revient. Comme un rescapé de l'humour, un survivant de l'ironie, un miraculé du persiflage. « Un traître », diront certains qui pensent que son maintien au micro de France Inter équivaut à un reniement, à une capitulation. On attend évidemment de nombreuses réactions qui seront comme un fil rouge pendant toute la journée spéciale « Le retour de Morel ». De nombreuses équipes de la rédaction ont été envoyées pour recueillir les différentes réactions notamment à Médiapart, à Arrêt sur images. Nicolas Sarkozy, qui se trouvait par hasard en train de prendre son petit déjeuner dans le bureau de Jean-Luc Hees, n'a pas souhaité faire de commentaire mais aurait repris trois fois des viennoiseries. Je parle à nouveau au conditionnel.

Il est évident que, d'une manière ou d'une autre, le retour de François Morel équivaut à un camouflet pour tous les démocrates et évoque les heures les plus sombres de l'Histoire de France. Nous ne manquerons pas de vous tenir informés. La nouvelle est tellement bouleversante que je me garderai bien, pour le moment, de trouver une phrase de conclusion.

45

Qu'est-ce qu'on est con !

10 septembre 2010

Qu'on est con ! Mais qu'on est con ! Excusez-moi d'utiliser un langage un peu relâché, mais à neuf heures moins trois, normalement les enfants sont en classe et, près de leurs radios, il n'y a plus que des retraités et des feignasses qui ne s'offusqueront pas de supporter un langage un peu plus négligent.

Qu'on est con ! Mais qu'on est con ! Pourquoi n'y avons-nous pas pensé plus tôt ? Pourquoi nos cerveaux malades n'ont pas identifié la cause de tous nos maux depuis des années ? Pourquoi nos esprits débiles n'ont pas reconnu la source de tous les désagréments que nous devons subir ? Parce que tous les tourments du monde, toutes les difficultés, tous les emmerdements que l'on connaît, tous les obstacles à une vie sereine et apaisée, tout ce qui nous éloigne du paradis sur terre est dû à une poignée de malfaisants qu'il faut éradiquer, qu'il faut supprimer.

L'insécurité dans les banlieues, le chômage, la montée des prix, la baisse du pouvoir d'achat, le réchauffement de la planète, le terrorisme et ce gros connard dans son 4 x 4 qui m'a fait une queue de poisson sur l'A13 jeudi dernier, tout ça, tout ce qui nous plombe, tout ce qui nous accable, tout ce qui nous écrase, tout ce qui nous opprime, tout ce qui nous déprime, il fallait y penser (heureusement qu'on a des gouvernants en prise avec les réalités des Français et qui ne passent pas leur temps, monsieur, je m'excuse, à gamberger inutilement à la terrasse des cafés de Saint-Germain-des-Prés), toute la souffrance du monde, je vais vous dire, c'est la faute aux Roms !

C'est la faute aux Roms ! Aux romanos ! Aux romanichels ! Splendeur de l'apocope ! Vous avez remarqué, avec le temps, leurs noms diminuent. Leurs noms s'amenuisent. Leurs noms disparaissent. Les romanichels sont devenus des romanos qui sont devenus des Roms. Un jour on dira des « ros » et puis des « r ». Et puis, bientôt, on n'aura même plus besoin de les prononcer parce qu'ils se seront éteints et que l'on vivra dans un monde idéal où aux feux rouges il n'y aura plus tous ces sales mômes au nez morveux, au regard torve qui vous nettoient les pare-brise alors qu'on n'a rien demandé, alors que la voiture justement, petit con, elle sort de la station-service vu que l'on a une carte lavage chez Total et que l'on n'a surtout pas besoin que tu viennes mettre ta sale graisse savonneuse à deux balles sur une bagnole dont je te signale on n'a même pas fini de payer les traites.

Tous les malheurs du monde, c'est la faute aux voleurs de poules.

Et ça nous avait échappé, idiots que nous sommes, anesthésiés par les discours bonasses de ces milliardaires de gauche qui veulent nous donner des leçons de charité. Et le pape qui s'y met. Sale boche, on t'a rien demandé. Commence à t'occuper de ce qui se passe sous la jupe de tes évêques avant de venir nous faire la morale juste au moment où l'on a trouvé les coupables, les fautifs, les responsables de notre misère.

On n'arrive pas à supprimer la pauvreté, eh bien, supprimons les pauvres ! D'ailleurs, ils ont une sale gueule !

On n'arrive pas à augmenter la richesse, eh bien, augmentons les riches !

D'ailleurs, M. Woerth a une tête d'honnête homme.

C'est lui qui le dit et c'est quasiment sa seule ligne de défense.

« Je ne suis pas malhonnête. La preuve ? J'ai une tête de type honnête. » Comme Bérégovoy. Comme Salengro. T'as compris, fouille-merde ? Tu arrêtes de m'attaquer ou je me suicide ? Je suis une victime ! Arrêtez de me lapider comme une femme condamnée en Iran. Je sais, je pousse un peu. Plus c'est gros, plus ça passe ! Qu'est-ce que j'ai fait ? C'est pas si grave ! Trafic d'influences ? Avoir profité de ma situation pour faire embaucher ma femme ? Avoir mélangé mes intérêts personnels avec les intérêts du pays ? Avoir mélangé les intérêts de la France avec les intérêts de mon parti ? Avoir distribué la Légion d'honneur comme un hochet au bienfaiteur de mon parti, à l'employeur de ma femme ? Qu'est-ce qu'on me reproche ? D'avoir perdu le sens des réalités ? Mais tout le monde l'a perdu ! De profiter de la bonne soupe ? Mais tout le monde se sert ! Qu'est-ce qu'on a besoin de me chercher des poux dans mon crâne dégarni ? Vous préférez qu'à Chantilly, sur le terrain de courses, on voie des Roms sous des hauts-de-forme faire des baisemains à des duchesses ?

Qu'est-ce que tu me fatigues avec tes droits de l'homme et tes principes républicains !

Discute pas ! Complique pas ! Rentre chez toi !

Liberté, égalité, tête du client.

46

Conflit d'intérêts[1]
16 septembre 2010

Y a-t-il eu, oui ou non, conflit d'intérêts ? Patrick Cohen, je vous pose la question, y a-t-il eu oui ou non conflit d'intérêts ?

La femme d'un haut responsable politique a-t-elle, oui ou non, profité de la situation de son mari pour se faire embaucher ? Le responsable politique, même s'il n'a pas dit de manière claire, ouverte, directe : « Vous employez ma femme sinon je vous jure qu'il va vous arriver des bricoles », a-t-il, quand même usé, de façon détournée, souterraine, de la situation et de toute son influence afin que son épousée puisse prétendre à une place qu'elle convoitait ?

La question mérite d'être posée.

Naturellement, la femme de cet homme politique en vue n'est sans doute pas sans compétences ni sans talent, mais était-elle la mieux armée pour prétendre à ce poste si désiré ? N'aurait-il pas été plus juste

---

1. L'honnêteté m'oblige à dire, depuis que j'ai vu *Midnight in Paris*, que la prestation de Carla Bruni, non coupée au montage, n'était en rien honteuse.

par exemple d'engager sa sœur qui peut présenter un curriculum vitae plus en mesure de répondre a priori au profil souhaité ?

En effet, Valéria Bruni-Tedeschi est une comédienne talentueuse et inspirée tandis que sa sœur Carla n'a jamais fait ses preuves en tant qu'artiste dramatique. Elle n'a joué dans aucun film, sur aucune scène de théâtre, n'a jamais même eu le moindre rôle dans *Plus belle la vie* où elle aurait très bien pu jouer une petite cousine romantique et naïve qui revient en larmes s'installer à Marseille après des années d'errements dans la capitale au bras d'hommes tous plus ambitieux les uns que les autres mais sans scrupule. « Oh, peuchère, lui aurait dit la cousine compatissante, on peut dire que tu t'es bien fait baiser… »

Oui, Carla aurait pu passer au moins un casting, faire des essais, un peu de figuration, intelligente si possible, mais se retrouver du jour au lendemain dans un film de Woody Allen alors qu'on n'a jamais présenté le moindre goût pour l'art dramatique, n'est-ce pas aussi déplacé que se faire bombarder directeur de l'EPAD alors qu'on n'a pas encore fini sa seconde année de droit ?

Aujourd'hui, il est question de trente-cinq prises. On dit que Carla, trop mauvaise, aurait finalement disparu du film, remplacée par une autre comédienne. Autant dire la honte…

Je ne voudrais pas que l'on se méprenne sur mon papier de ce jour, je ne profite pas d'un fait d'actualité somme toute secondaire pour critiquer une fois de plus le chef de l'État qui n'a pas besoin de sujets de polémique supplémentaires pour vivre une rentrée difficile.

Il semblerait donc qu'on ait aussi peu de chances de voir Yvonne de Gaulle dans un film de Jacques Tati, Anne-Aymone Giscard d'Estaing dans un film de Pascal Thomas que Carla Bruni-Sarkozy dans un film de Woody Allen.

Dommage. Les occasions de rire sont rares.

Lorsque l'actrice Grace Kelly est devenue Grace de Monaco, elle n'est plus jamais allée sur un plateau de tournage, même quand le grand Alfred Hitchcock la sollicitait. Autre époque. Autres mœurs. Autre mentalité. Autre déontologie. J'arrête. Je ne voudrais pas passer pour un raisonneur ou un donneur de leçons. Je suis ici pour amuser dans un contexte difficile.

L'actualité nous donne de nombreux arguments pour nous morfondre.

Ainsi et à ma connaissance, Mme Woerth n'a, à ce jour, toujours pas retrouvé d'emploi et François-Marie Banier, qui rêva d'adoption, reste aujourd'hui comme un petit orphelin.

Courage à tous. À vendredi prochain.

Claude Chabrol
17 septembre 2010

Ce matin, au Père-Lachaise, on enterre Claude Chabrol. Le Père-Lachaise est en ce moment l'un des endroits les plus fréquentés par le cinéma français. Plus que le Costes, plus que le Fouquet's. Si vous êtes jeune comédien, que vous avez besoin de vous faire remarquer, c'est là qu'il faut venir avec son press-book, ses fleurs et ses photos…

C'est surprenant comme il y a des morts qu'on ne voit pas venir. Des morts qui nous étonnent. Des morts qui nous cueillent au réveil. Un dimanche matin, avant même d'être allé faire son marché, un message consterné de mon copain Olivier Broche : « Tu as entendu, Claude Chabrol est mort.

— Merde », je lui fais. Oui, dans l'intimité, je n'ai pas toujours le merveilleux sens de l'à-propos qui est ma signature sur les ondes.

« En plus, me dit Olivier, c'est trop con, je devais tourner avec lui le mois prochain. »

Ils sont comme ça, les comédiens. En plus de la tristesse sincère qu'ils peuvent ressentir en apprenant la mort d'un artiste aimé, admiré, ils ne peuvent pas s'empêcher de penser à leurs 507 heures qu'ils doivent accumuler au cours des 319 jours…

Moi, quand un journaliste me demandait : « Avec qui aimeriez-vous tourner ? », je répondais : « Chabrol. » Chabrol, je le sentais bien… Faire le fils de Michel Serrault, le frère de François Berléand, ça me semblait dans mes cordes. Je peux apprécier le cinéma de Catherine Breillat ou celui de Christophe Honoré, hélas mes capacités d'acteur me paraissent éloignées par exemple de celles de Rocco Siffredi ou de François Sagat.

Ce qui surprend dans l'idée que Chabrol puisse être mort, c'est qu'il était terriblement vivant. Pourquoi faut-il que ce soit toujours les types vivants qui meurent ? Les bons vivants font de mauvais morts.

À la télévision, à la radio, ses comédiens se sont suivis pour lui rendre hommage. Chacun à sa façon. Digne (je n'ai pas dit austère), un peu lointaine (je n'ai pas dit froide), sans doute plus émue qu'elle ne voulait paraître, Isabelle Huppert parlait d'une image qui derrière celle du gourmet, du gourmand, cachait des secrets, des douleurs. Gérard Depardieu a été énorme, débordant, expansif, abondant, depardiesque (je n'ai pas dit vulgaire). Chacun fait comme il peut avec son deuil, avec sa tristesse. Mais Claude Chabrol sans doute avait besoin de ces deux acteurs-là pour raconter l'humanité, paradoxale, riche, contradictoire.

La grande bourgeoisie si petite, si méfiante, si sûre de son fait, si arrogante, si bien dépeinte par l'auteur de *L'Ivresse du pouvoir* est triomphante.

Une nouvelle vague vient de mourir sur une plage qui en France est aujourd'hui polluée par la xénophobie, l'affairisme d'État, le rejet de l'autre.

Ne pensez pas que ce soit seulement une formule de conclusion, si je vous dis… Claude Chabrol nous manque déjà.

Comment vous dire

24 septembre 2010

Aujourd'hui, je vais profiter d'avoir la chance de pouvoir parler à la radio pour faire un truc interdit. Utiliser ma liberté de parole à des fins personnelles. Je vais faire une chronique ce matin qui, en réalité, ne s'adresse qu'à une seule personne. À un seul auditeur. Si vous n'êtes pas l'auditeur en question, franchement, vous feriez mieux d'aller sur d'autres ondes. En ce moment sur Europe 1, c'est intéressant, il y a une publicité pour les magasins U…

Bon, voilà, seulement je ne sais pas si cet auditeur auquel je pense et à qui je voudrais parler est précisément branché sur France Inter… Si par malheur il était en train d'écouter une radio périphérique ou s'il n'était pas levé parce qu'il a fait la bamboula hier soir, ce serait bien qu'un de ses amis ou un de ses conseillers puisse lui transmettre mon message.

Voilà, je voudrais m'adresser en privé à Nicolas Sarkozy.

Euh… comment dire ?… Monsieur Sarkozy, je me présente, je suis chroniqueur à France Inter, ce n'est pas spécialement prestigieux comme métier mais en même temps ce n'est pas non plus si honteux… J'essaie de bien faire mon travail qui ne doit pas être si évident puisqu'en ce moment c'est plus commode de trouver des prétendants à la présidentielle que des rigolos capables d'assurer la pastille humoristique de huit heures cinquante-cinq sur France Inter…

D'abord, je voudrais, monsieur Sarkozy, sincèrement vous remercier pour tout ce que vous avez fait pour nous. On peut dire que vous nous avez donné du grain à moudre… Votre divorce, votre remariage, vos fautes de français, votre comportement un peu épileptique, vos saillies, le Kärcher, « casse-toi, pauvre con », votre façon de vouloir tout faire, le président, le Premier ministre, les directeurs de chaînes de télé, franchement c'était formidable ! Quand on n'avait pas spécialement d'idées, il suffisait de penser à vous pour immédiatement trouver l'objet de notre chronique.

On a vraiment passé des bons moments grâce à vous et, pour ça, je voulais vous dire merci.

Mais comment vous dire, je ne voudrais pas spécialement vous vexer parce que je me doute que vous êtes un être humain et que vous devez avoir un petit cœur qui bat comme tout le monde et que je ne prendrais pas de plaisir à me moquer de vous publiquement.

Comment vous dire ?… Je voudrais aussi vous féliciter. Si. Vous avez été élu président de la République, ce n'est pas rien, quand même. Au départ, fils d'immigré, devenu le maire d'une ville moyenne de la région parisienne, c'était déjà énorme. Vous avez un physique pas repoussant mais plutôt banal, et vous n'avez jamais eu de grandes fulgurances intellectuelles mais quand même vous êtes devenu le chef d'une grande puissance, et franchement c'est formidable. C'est même un exemple pour la jeunesse. Un exemple d'entêtement, de persévérance. Bravo.

Mais, là, comment vous dire ? Ce n'est pas que vous nous faites honte parce que ce ne serait pas gentil, et puis vous êtes quand même notre actionnaire principal à France Inter mais euh… un petit peu quand même. Voilà, oui, vous nous faites carrément honte. L'image de la France à l'étranger depuis que vous êtes là, ne le prenez pas mal, est sérieusement endommagée et, quand on est français et qu'on aime bien son pays, notamment pour son image de liberté, d'ouverture, on se sent quand même un petit peu sali… Voilà ce que je voulais vous dire. Je ne vous en veux pas plus que ça. Vous avez des amis qui vous aiment beaucoup, qui disent que vous êtes un chic type avec le sens de l'humour. C'est possible. Justement, nous à France Inter, comme je vous le disais tout à l'heure, on cherche des humoristes. Si vous avez le temps, à l'occasion, envoyez à Philippe Val une petite démonstration de ce que vous pourriez faire. Vous pouvez dire un peu ce qui vous passe par la tête mais là, c'est moins grave, parce que c'est un peu le principe de l'exercice. Je vous promets qu'on essaiera de vous accueillir ici à bras ouverts. Vous avez quand même plus votre place parmi les amuseurs.

49

Luchinite aiguë

1ᵉʳ octobre 2010

« Les journaux regorgent d'histoires de braves gens pris en otage à la banque par des gangsters, mais ils restent muets sur les cas beaucoup plus fréquents de clients pris en otage par leurs banquiers. »

Roland Topor.

Jocelyne Lemaire-Darnaud n'est pas restée muette, elle a réalisé un film, *Moi, la finance et le développement durable*.

Aujourd'hui, c'est juste une page de publicité pour un film important qui est sorti mercredi dernier et qu'il serait idiot de rater vu que sa réalisatrice, elle, ne l'a pas raté.

« Si vous voyez un banquier se jeter par la fenêtre, sautez derrière lui : vous pouvez être sûr qu'il y a quelques profits à prendre. »

Voltaire.

« Même les voleurs de grand chemin ont disparu : les uns habitués au plein air exercent la profession de pickpocket sur les terrains de course ; les autres se sont adonnés à la haute banque. »

Alphonse Allais.

Je suis atteint ce matin de ce que l'on appelle une luchinite aiguë, il faut m'excuser… Ce trouble qui n'est pas grave en soi, mais qui nécessite une visite chez le médecin s'il devait se prolonger, consiste à émailler son discours de citations à tout bout de champ. Si Didier Porte avait prêté à Dominique de Villepin le syndrome de Luchini plutôt que celui de La Tourette, il serait encore salarié de Radio France.

Jocelyne Lemaire-Darnaud présente donc un formidable film sur l'épargne avec des acteurs magnifiques, Emmanuel Delaville, Michel Laviale, Anne-Catherine Husson-Traoré, sœur Nicole Reille, une religieuse qui a créé le premier fonds de placement éthique sur des critères non pas religieux mais sociaux en insistant sur le respect des salariés dans l'entreprise, et Jocelyne Lemaire-Darnaud dans le rôle d'une ménagère de plus de cinquante ans qui, elle, a décidé de récupérer tout son temps de cerveau disponible.

Allez voir *Moi, la finance et le développement durable*, un documentaire excellent de Jocelyne Lemaire-Darnaud. Un film en couleurs sur Bêta numérique.

« Le capitalisme est cette croyance étonnante que les plus mauvais des hommes feront les pires des choses pour le plus grand bien de tous. »

John Maynard Keynes.

Dans votre salle de cinéma habituelle, réclamez le film de Jocelyne Lemaire-Darnaud, *Moi, la finance et le développement durable*.

C'est une annonce à caractère promotionnel qui ne va pas rapporter un centime à France Inter mais qui va immédiatement remplir toutes les salles qui auront eu la bonne idée de programmer *Moi, la finance et le développement durable*. Un film de Jocelyne Lemaire-Darnaud.

« Une banque vous prête un parapluie quand il fait beau et vous le reprend quand il pleut. »

George Bernard Shaw.

« La banque est un piège à compte. »

Jacques Pater.

« Il y a des banquiers qui roulent même leurs cigarettes. »

Jean Rigaud.

Vous remarquerez que la luchinite peut prendre des aspects multiples. Certains ont une propension à citer Nietzsche. Moi, je cite Jean Rigaud.

Si vous n'avez pas envie que vos petites économies servent à l'achat d'armes ou à des constructions de centrales nucléaires dans des zones sismiques, questionnez votre banquier, changez de banque, mais d'abord allez voir un film. Je ne sais plus si je l'ai mentionné. Il s'intitule *Moi, la finance et le développement durable*. Il est l'œuvre de Jocelyne Lemaire-Darnaud.

« Résiste, prouve que tu existes. »

Michel Berger.

Maréchal, le revoilà

8 octobre 2010

Vous avez remarqué, dans certains villages, sur les monuments aux morts, on peut lire au-dessus du nom des enfants du pays : « Morts pour la France, tués par les boches. » C'était juste après la guerre, la cicatrice était encore à vif, la hache de guerre, pas encore enterrée. Plus tard, on a inscrit : « Tués par les Allemands. » Encore plus tard, on a pu lire : « Tués par les nazis. » Aujourd'hui, sur certains monuments aux morts remis à neuf, on a écrit : « Tués par les nazis, avec la complicité de la police française. »

Le temps qu'il faut pour trouver la bonne expression, la formulation juste…

Quand j'étais petit, la guerre était finie depuis juste vingt ans. Ça paraissait à mes yeux d'enfant aussi éloigné que la préhistoire. La guerre, ça devait se situer à une époque vague où l'on pouvait rencontrer une Jeanne d'Arc qui entendait des voix, un roi qui se prenait pour un soleil, des Sarrasins, des merveilleux, des sans-culottes, des dinosaures, des Mérovingiens, des poules au pot et des vieillards moustachus qui habitaient dans des tranchées. J'avais une vision de l'histoire de France très approximative. Je ne savais pas que les soldats de la guerre 14-18 étaient des hommes jeunes et fringants qui rêvaient d'amour, de ciel bleu et d'avenir. Je ne savais pas que la guerre 39-45 avait eu lieu la veille. La veille ! La veille, je le sais. Puisqu'il y a vingt ans, le mur de Berlin tombait et que c'était hier…

Quand j'étais petit, on entendait dans les conversations que, dans le fond, de Gaulle et Pétain étaient d'accord, que l'un organisait la résistance mais que l'autre, le plus vieux, comme il pouvait, tenait la maison, avec courage et dévouement. Que voulez-vous ? Tout le monde ne pouvait pas partir en Angleterre…

On entendait des choses comme ça quand j'étais petit. L'heure était à la réconciliation. Le Dany Boon de l'époque s'appelait Noël-Noël. Noël-Noël, comme une double promesse de fête et de cadeaux destinée à faire oublier le temps des restrictions. Il jouait dans un film qui s'appelait *Le Père tranquille.* On y voyait un petit bonhomme qui n'avait l'air de rien, qui ne faisait pas de politique, qui cultivait son jardin, mais qui en réalité était un chef de la résistance, un héros, un type bien, comme la plupart des Français qui s'étaient comportés de manière irréprochable, comme le général qui était parti à Londres et comme le pauvre maréchal qu'on a beaucoup critiqué après mais, qu'est-ce que vous voulez, il fallait bien faire tourner la boutique.

La boutique de Pétain a tourné au-delà des espérances des nazis allemands. Un document, révélé cette semaine, montre que Pétain a durci les mesures antisémites réclamées par Adolf Hitler et ses sbires. Avec son petit crayon, assis à son bureau bien ciré, le maréchal, sous sa moustache blanche et rassurante, d'une main tranquille et d'un air assuré, a annoté le statut des Juifs afin de rendre leurs vies plus invivables, de rendre leurs passages sur terre encore plus infernaux. Il trouvait sans doute les nazis un peu trop mous, un peu trop complaisants avec les Juifs. Trop indulgents. Limite baba cool.

En Italie, l'humoriste Silvio Berlusconi a raconté vendredi dernier une blague sur les Juifs. Une famille juive qui cachait un autre Juif en lui faisant payer d'énormes mensualités mais sans lui dire que la guerre était finie.

Peut-être qu'elle n'est pas si drôle, ton histoire, Silvio… Peut-être que la guerre n'est pas finie. En tout cas pas dans la tête malade de ceux qui sur la maison d'Israël Nisand, médecin de confession juive à Schiltigheim en Alsace, ont tracé des croix gammées et des inscriptions antisémites. Peut-être que la guerre n'est pas finie dans ta tête malade, Silvio, qui ressort les mêmes fadaises éculées et démagogiques pour faire plaisir à ton public abruti par tes chaînes de télé. Peut-être que la guerre n'est pas finie pour tous ceux qui inlassablement opposent le malheur des Juifs à celui des Arabes, comparant les détresses, confrontant les infortunes, tentant d'organiser un championnat du monde de la victimisation, un concours de martyrs.

On dit que le passé doit nous aider à regarder le présent, que l'histoire peut nous permettre d'analyser l'actualité. Peut-être… Sans doute. Même s'il faut se méfier de ceux qui, avec soixante-dix ans de retard, s'imaginent résistants, infaillibles, toujours du bon côté. Quand la guerre est finie et que le risque s'est éloigné, c'est plus facile de s'imaginer en Jean Moulin.

Mais aujourd'hui, comme il y a soixante-dix ans, il n'est pas inutile de traquer derrière les faux discours de bon sens, de raison, derrière les paroles apparemment inoffensives des braves gens qui se méfient des étrangers, l'expression de l'ignominie, la sale gueule du déshonneur.

Dans le fond[1]

15 octobre 2010

Bonjour, Patrick[2], comme vous pouvez le remarquer, je ne suis pas aujourd'hui physiquement près de vous dans les studios de l'avenue du Général-Mangin à Paris puisque j'ai décidé de me déplacer là où l'actualité l'exigeait afin d'être au cœur même de l'information. Je suis en effet actuellement à quelques enjambées du gouffre dans lequel sont enfermées une trentaine de personnes depuis déjà plusieurs semaines. Situation complexe, dramatique, inquiétante que nous allons essayer de décrire au mieux…

Cette semaine, la délivrance des trente-trois mineurs du Chili a forcément été vécue ici comme un signe d'espoir pour tous ceux qui sont encore au fond du trou même si naturellement les conditions sont sensiblement différentes.

Alors, rappelons les faits. Depuis plusieurs mois, le président de la République française, à la suite de

---

1. Le 13 octobre 2010, trente-trois mineurs chiliens retrouvaient l'air libre après avoir passé soixante-neuf jours au fond d'une mine.
2. Patrick Cohen, le journaliste présentateur du 7-9.

nombreuses maladresses, d'erreurs de conduite, d'imprudences, est tombé gravement dans les sondages ainsi que dans le cœur des Français, entraînant dans sa chute tous les membres du gouvernement. Et ce sont donc une trentaine de personnes qui aujourd'hui se retrouvent au trente-sixième dessous...

Alors, pour l'instant, je m'approche encore un peu du gouffre... Ah, c'est vertigineux ! C'est, je dois le dire, extrêmement impressionnant et on ne voit pas très bien comment on pourrait les sortir de là. D'autant que personne ne semble spécialement éprouver le désir de les extraire du trou... On les distingue un petit peu s'agiter. On les entrevoit à peine de très loin... Ils me font signe de la main. Ils semblent appeler à l'aide, à la rescousse... C'est extrêmement émouvant, extrêmement poignant, et je rappelle que tout ça est vécu en direct sur France Inter...

Je pense naturellement aux captifs mais aussi aux membres de leurs différentes familles politiques qui doivent certainement se battre comme ils peuvent afin de ne pas sombrer eux-mêmes dans le désespoir le plus profond...

Je rappelle qu'au fond de la mine, l'ambiance était particulièrement tendue toutes ces dernières semaines... Souvenons-nous que la jeune Rama Yade a tenté une sortie personnelle, essayant de se faire la belle et de se désolidariser du groupe mais qu'au dernier moment, Roselyne Bachelot l'a retenue par l'élastique de son jogging afin que le calvaire soit vécu collectivement par tous les membres captifs...

Souvenons-nous également de l'étrange comportement d'Éric Woerth qui, au fin fond du trou, continue de creuser le sol afin de s'enfoncer, et son groupe avec, encore un peu plus sous la terre...

De nombreux journalistes ici, une multitude de

caméras, d'appareils photo pour saisir le rien puisque rien ne se passe pour le moment. J'aperçois, au loin, Martin Hirsch, rescapé, qui a réussi à s'enfuir il y a quelques semaines et qui tente d'intéresser les journalistes présents à son dernier livre... Nous sommes actuellement en rase campagne. Paysage désertique et temps bouché. À part chez les journalistes, les prisonniers du trou suscitent assez peu d'intérêt... J'ai quand même croisé il y a à peine quelques instants, juste avant de prendre l'antenne, un petit groupe de marcheurs, deux selon la police, huit selon les organisateurs, qui me disaient qu'à leur avis, l'espoir de les voir remonter à la surface était extrêmement mince... Ils me disaient qu'ils n'éprouvaient pas particulièrement de la peine à cette perspective.

On me dit qu'une nacelle dans les jours qui viennent pourrait tenter une descente. S'il reste encore un peu d'autorité au chef de l'État, il expérimentera une sortie dans les jours prochains. Qui sera ramené à la surface ? C'est la question. Qui sera abandonné au fond du trou ? C'est certainement l'angoisse de plusieurs ministres, je pense notamment aux plus âgés, aux plus faibles... Bernard Kouchner reverra-t-il le jour ? Pathétique image que celle d'une étoile jadis filante aujourd'hui abandonnée, embourbée sous la terre, envasée...

C'était François Morel en direct et au bord du trou où, je rappelle, trente-sept personnes continuent d'être prisonnières. À vous Paris. À vous les studios.

52

Le plein

22 octobre 2010

J'étais en début de semaine en train de faire la queue à une station-service. Naturellement, depuis deux ans que je travaille à France Inter, j'ai un chauffeur en livrée, un jeune Camerounais très sympathique dont j'ai oublié le prénom mais que j'appelle Bamboula, un jeune nègre que par goût du paradoxe je parfume de Guerlain, un jeune garçon plein d'allant et de probité, habillé simplement dans un costume de coton blanc et qui chaque jour m'attend devant le large portail de ma propriété afin de m'emporter dans la limousine noire aux vitres fumées que m'a allouée le service public afin que je puisse dans les meilleures conditions assurer ma chronique hebdomadaire.

Cette semaine, tandis que les journaux m'apprenaient les grèves et les manifestations, le climat social tendu et la colère des travailleurs, je me suis fait la réflexion suivante… « Mon petit François… (oui, dans l'intimité, je m'appelle "mon petit François". On pourra s'étonner d'une familiarité aussi cavalière vis-à-vis d'un personnage de mon importance mais sans doute pour ne pas tomber dans une solennité intimidante qui pourrait me faire perdre ma propension à une simplicité ingénue, je tiens à garder une sorte de proximité affectueuse entre moi et moi-même...), mon petit François donc, n'aurais-tu pas intérêt pour une fois à enquêter sur la vie de tes concitoyens afin d'être plus à même d'en faire l'écho dans ta chronique si admirable et si attendue ? »

L'idée me parut heureuse. L'intention me sembla louable. Le projet me promettait une source intarissable d'enseignements précieux. Je décidai donc de faire le plein moi-même à une station-service.

« Maître, mais vous n'y pensez pas ! Maître, ce n'est pas à vous de vous abaisser à un geste si vulgaire, vous allez vous tacher les doigts et sentir le gasoil ! » s'époumona Bamboula. (Remarquez au passage la modernité de mon interprétation, la correction politique de mon jeu qui refuse la facilité de s'abaisser à singer le parler petit-nègre.)

Bamboula, donc, touchant de servilité, apitoyant d'humilité, se révoltait contre ce qui lui semblait un accroc dans l'ordre d'un monde qui depuis des millénaires l'avait placé parmi les subordonnés, simples représentants de peuples soumis. Je saisis le moricaud par le collet, le jetai violemment sur le bas-côté de la route, méprisant sa pauvre bienséance d'opprimé. Puis, je m'installai au volant de la voiture, heureux, détendu, comme un souverain commandant un bock en terrasse par une fin d'après-midi d'été.

Quand je suis arrivé dans la file des véhicules qui attendaient devant la station-service, mon réservoir était rempli à moitié. Je décidai de patienter. Un individu à casquette siffla devant la berline que je conduisais. « Putain, une bagnole comme ça, ça doit sucer... » Je souris à mon interlocuteur comme on le fait devant un étranger dont on ne connaît pas la langue. Je patientai encore. Deux heures et demie plus tard, au moment de placer le tuyau dans le réservoir, je m'aperçus que celui-ci était aux trois quarts vide. Je n'avais donc pas perdu mon temps à attendre ainsi de passer à la pompe. Hélas, lorsque je voulus me servir, on ne m'autorisa pas à dépenser plus de vingt euros. Si bien que, lorsque je quittai la station-service, mon réservoir était juste à moitié plein, comme deux heures et demie plus tôt lorsque j'étais entré dans la file d'attente. Un réservoir à moitié plein, de toute façon, c'était suffisant pour les déplacements que j'avais à accomplir dans la journée. Je mis la radio où j'entendis plusieurs ministres me garantir qu'il n'y avait aucun problème d'approvisionnement des stations-service, ce qui me rassura quand même beaucoup. Je récupérai Bamboula que j'avais précédemment jeté de ma berline puis le fouettai afin de le punir d'avoir sali son joli costume blanc en tombant de la voiture. Tandis que je le frappais sévèrement, Bamboula me regarda avec reconnaissance. À ses yeux chassieux, je remettais le monde dans son ordre légitime.

Je m'installai à l'arrière de la voiture, heureux de vivre dans un pays si paisible. La prochaine fois que je dînerai avec un ministre, je lui conseillerai d'annoncer que le chômage n'existe plus, que la pauvreté est éradiquée, que la mort même est interdite.

À défaut d'amélioration de sa situation, le peuple a besoin de rêves et de paroles réconfortantes.

53

Pétard, blondard, connard

29 octobre 2010

Cette semaine dans le monde, vous avez remarqué qu'il ne s'était pratiquement rien passé, aussi ai-je décidé de profiter ce matin de mon passage sur l'antenne de France Inter pour répondre à mon courrier.

Ça me fera gagner du temps et puis ça économisera des timbres. Je rappelle que je ne suis qu'un salarié du service public.

J'ai reçu des sacs entiers de lettres, notamment pour me remercier de mon talent immense, de ma grande culture, de mon génie même et ce n'est pas sur cet aspect de ma correspondance que je voudrais ce matin m'étendre car mon humilité en souffrirait. Raymonde de Lons-le-Saulnier m'écrit : « Bravo ! Merci ! Vous êtes merveilleux ! Quelle inspiration ! Quel style ! » Merci Raymonde mais je ne sais quoi vous répondre. Je suis trop modeste pour citer toutes vos réactions sur les ondes… « Bravo ! Vous êtes le meilleur ! Vous éclairez nos vendredis ! Vous êtes la lumière qui brille dans nos vies ténébreuses et obscures », ajoute Jocelyne de La Roche-sur-Yon. Merci, mais vraiment c'est trop. Jean-Pierre de Crozon me dit : « Vous êtes un esprit génial, quasiment l'égal de tous les plus grands artistes de l'humanité. » Merci, Jean-Pierre, même si je regrette l'emploi de l'adverbe « quasiment » que je trouve un peu restrictif.

Courrier plus original que celui de Paul de Pornichet. Il m'écrit afin que j'adresse une carte d'anniversaire à Céline Bedoyan de Joué-lès-Tours qui le 4 octobre a eu quarante ans. Eh oui ! Céline Bedoyan de Joué-lès-Tours a eu quarante ans ! Quarante ans, Céline Bedoyan ! Je ne puis, hélas ! rien faire de cette intéressante information puisqu'il serait malvenu de ma part de donner l'âge d'une femme, fût-elle de Joué-lès-Tours. Et comme, malheureusement, j'ai lu trop tard ce courrier, je ne puis répondre à cette requête. Je suis assez embêté puisque cette demande était accompagnée d'une enveloppe timbrée et que je suis donc en possession d'une enveloppe timbrée que je ne puis décemment utiliser. Évidemment, je pourrais garder cette enveloppe pendant un an et envoyer mes vœux de bon anniversaire au tout début du mois d'octobre 2011 afin de fêter le quarante et unième anniversaire de Céline Bedoyan de Joué-lès-Tours. Mais vous conviendrez avec moi qu'une personnalité de mon acabit ne peut s'abaisser à souhaiter un anniversaire aussi banal, il me faut au moins un chiffre rond. Je pourrais donc attendre le cinquantième anniversaire de Céline Bedoyan qui devrait avoir lieu le 4 octobre 2020, mais aurai-je à cette époque le souvenir de ce lointain courrier mis en demeure pendant si longtemps ? Le prix du timbre aura-t-il changé ? Devrai-je moi-même ajouter une taxe afin d'avoir l'assurance que ma réponse sera bien acheminée ? La fellation sera-t-elle telle que le prix du timbre aura à cette époque augmenté de manière phénoménale ? (Oui, j'ai décidé désormais de dire systématiquement « fellation » à la place d'« inflation » en solidarité avec Rachida Dati dont les lapsus sont révélateurs d'une belle santé mentale, heureuse et primesautière, qu'il faut en période de crise valoriser. On ne dira pas la même chose de Jean-Marie Le Pen qui avait dans un lapsus plus sinistre évoqué « la pine de mort », dénonçant une sexualité morbide et des arrière-pensées plus menaçantes.)

Le mieux est encore de réutiliser l'enveloppe timbrée destinée à Céline Bedoyan de Joué-lès-Tours afin d'écrire à Patricia de Paris 11e qui me reproche d'avoir utilisé une injure sexiste, « feignasse », dans une de mes chroniques. « Feignasse » comme « connasse, pétasse, blondasse » est un terme péjoratif uniquement destiné aux femmes.

Je présente bien volontiers mes excuses à Patricia et à toutes les femmes qui auraient pu se sentir humiliées par cette misogynie rampante, ce machisme sournois, cet accès de fourbe phallocratie qui ne me fait pas honneur. Je pense effectivement que plus nombreux et moins stigmatisés sont les « connards, les pétards et les blondards ».

Je suggère d'ailleurs à Céline Bedoyan, qui, depuis début octobre, le 4 très exactement, va tranquillement vers ses quarante et un ans, que si par hasard un goujat poussait l'incivilité jusqu'à donner son âge publiquement, elle aurait raison de ne pas se gêner afin de le remettre à sa place et le traiter, comme il convient, de « gros connard, de pauvre pétard, de sale blondard » !

54

Le monde est de plus en plus petit
5 novembre 2010

Le monde est de plus en plus petit.

C'est l'information principale que je comptais vous annoncer aujourd'hui en direct de Papeete puisque après avoir parcouru vingt mille kilomètres, après avoir passé vingt-quatre heures d'avion les genoux sous le menton, après m'être fait photographier le fond de l'œil par des douanes américaines particulièrement intrusives, après avoir fait escale à Los Angeles sur un canapé hideux dans une salle sinistre en compagnie d'un couple enthousiaste, vainqueur d'un jeu sur TF1, après donc avoir eu un exact avant-goût de ce que pouvait être la représentation de l'enfer : passer toute une éternité dans une salle de transit d'un grand aéroport américain en compagnie de candidats heureux du « Juste Prix », après avoir ingurgité pas moins de quatre plateaux-repas composés de mets sous vide et inidentifiables, après avoir posé le pied sur le sol tahitien, après avoir porté autour du cou un collier de fleurs de tiaré, après avoir embrassé toute une escouade d'inconnues affriolantes, après avoir vécu toutes sortes d'expériences inédites et dépaysantes, l'une des toutes premières questions que l'on m'a posées a été la suivante : « Alors, c'est comment, l'ambiance à France Inter ? »

Le monde est tout petit mais ici la notoriété que nous avons, Olivier Saladin et moi, venus présenter notre spectacle *Bien des choses*, est tout simplement immense.

Des affiches partout, des prospectus, des tableaux lumineux, des calicots, des banderoles au-dessus des tunnels routiers, des interviews pour tous les journaux, toutes les émissions de télé. Tout le monde s'intéresse à nous. À peu près comme si nous étions des grosses, grosses, grosses vedettes, style incontournables, universelles genre acteurs américains, top-modèles internationales, peut-être pas tout à fait des humoristes virés par le service public, mais pas loin... Je vous le dis franchement, ça commence à nous monter à la tête. L'autre jour, tandis que nous prenions auprès de la piscine de notre hôtel de luxe une margarita en compagnie de la reine d'Angleterre (oui, nous avons rencontré ici Élisabeth II, je vous le disais : le monde est petit), deux touristes originaires d'Oyonnax et travaillant dans le secteur bois ont demandé à la souveraine si ça ne la dérangeait pas trop de bien vouloir les prendre en photo en notre illustre compagnie. « Madame, s'il vous plaît, refaites-en une autre au cas que la première serait ratée ! »

Lorsque l'on consulte les journaux d'ici, *Les Nouvelles de Tahiti, La Dépêche de Tahiti* ou, mieux, le mensuel *Tahiti Pacifique*, à part la venue de deux grands acteurs internationaux qui à leur manière, légère et inspirée, concrétisent la réunification de la Basse et de la Haute-Normandie, on lit des nouvelles qui nous permettent de nous sentir en terrain connu. Détournements de l'argent public, chômage, pauvreté, disparité toujours plus importante entre les très riches et les très pauvres, arrogance d'une caste malhonnête qui se sépare les profits au détriment du peuple. Le monde est petit, je vous l'ai déjà dit.

Comme il leur semble que la misère serait moins pénible au soleil, les dirigeants ne s'émeuvent pas trop de voir les miséreux toujours plus nombreux, toujours plus indigents. Oui, le grand monde est tout petit.

J'espère que je ne vous manque pas trop. Moi, franchement, je vous le dis, tandis que débute votre journée et que finit la mienne, entouré de vahinés accortes et rayonnantes, je pense à vous et juste avant de me mettre à table avec le projet de déguster langoustes et poissons crus au lait de coco, je ne puis m'empêcher de vous poser cette question qui se pose, sous toutes les latitudes, dans tous les hémisphères, sur tous les continents : « Alors, c'est comment, l'ambiance à France Inter ? »

55

Pas de chronique
(En direct de Tahiti)

12 novembre 2010

Aujourd'hui, exceptionnellement il est préférable et sans doute plus honnête de prévenir sans tarder qu'il n'y aura pas de billet d'humour. Je vous imagine déjà en ce vendredi matin totalement catastrophé par la nouvelle que je viens de vous annoncer avec la plus grande fermeté et la plus grande assurance. Pas de billet d'humour aujourd'hui en ce vendredi matin. Surprise et tristesse dans le studio de France Inter ! Les têtes s'allongent, les rictus se figent, les croissants restent inopportunément coincés dans des gosiers desséchés par la stupéfaction. Consternation également partout, en France, dans les voitures, au milieu des embouteillages, dans les salles de bains, au milieu des bains moussants, dans les cuisines, au milieu du Nutella, et puis sur les tracteurs, dans les champs, dans les rizières, dans les forêts où les bûcherons d'Oyonnax traditionnellement le vendredi matin prennent bien soin de laisser la portière de leur van ouverte afin que leur autoradio puisse couvrir le son de leur tronçonneuse moteur quatre-temps et afin de ne pas perdre un seul copeau de cette chronique à leurs oreilles si précieuse et pas seulement dans la filière bois. Oui, c'est la désolation pour tous ceux, nombreux, qui se raccrochaient à ce billet d'humour que je lançais, magnanime et désintéressé, comme à des naufragés se cramponnant à une bouée qui leur permettra de ne pas sombrer dans les ténèbres effrayantes de l'ignorance et de la détresse insondable.

J'entends déjà monter les cris de la révolte, je ressens le tumulte de l'indignation, je vois les éclairs briller dans le ciel orageux de l'insurrection, de la mutinerie.

« Quoi ? Pas de billet d'humour en ce vendredi matin mais c'est révoltant ! Mais c'est scandaleux, inqualifiable ! Mais vous n'avez pas le droit de nous priver de ce qui est notre respiration, notre bain de jouvence, notre rayon de soleil, notre sucre d'orge, notre bonbon à la menthe, notre nougat glacé. » « La friandise si attendue et si convoitée que sans scrupule je dévore », selon les mots bien choisis par un de mes auditeurs, diabétique et adulateur.

Je sais bien, c'est difficile à accepter et je vous dois une explication.

Depuis la métropole, il y a quelques semaines, avant de partir en Polynésie française, j'avais tout prévu. Tout me semblait simple. Grâce à Éric Hauswald, grâce à Valérie Lévy, Corinne Honikman, qui de Paris avaient tout merveilleusement organisé, j'étais rassuré. Les contacts avaient été pris avec RFO. Guillaume Gay, de la compagnie Caméléon, comédien, GO, notre contact à Papeete, avait pris les choses en main. Tout roulait. Grâce à Internet, rien des actualités n'allait m'échapper et il me serait très simple d'envoyer une chronique bien sentie sur tout ce qui jour après jour remplit les quotidiens. Je dois ajouter qu'à l'hôtel je reçois France 2 et LCI, et que je ne suis donc pas moins informé que si j'étais moi-même au cœur même de l'information.

Mais, comment vous dire ? Depuis que je suis à Tahiti, je plonge dans la mer, je nage avec des dauphins, je batifole parmi les raies, je dîne avec des marins, je croise des poissons-clowns, je me promène dans une végétation luxuriante, je bois des margaritas, je mange des poissons crus, je prends des ferrys, des catamarans. Je rattrape mes retards de lecture avec Houellebecq, Olivier Adam et Jean-Baptiste Harang. Je me nourris d'ananas, de noix de coco, de poissons crus au lait de coco et de spécial hamburgers. Je me paye une insolation sur l'atoll de Marlon Brando. Je regarde les cascades dégringoler des falaises, j'admire les hibiscus et les bougainvillées. Je vis des jours heureux parmi une compagnie agréable et, franchement, évoquer la gauche, la droite, les retraites, les difficultés sociales, les soubresauts ministériels, les crises diverses qui habituellement m'intéressent et quelquefois m'inspirent, pardon, mais je n'ai pas la tête à ça.

Sans rancune et à vendredi prochain.

56

Ma chère Dadu

19 novembre 2010

Bonjour.

Cette semaine, j'ai décidé de vous lire un document. Un document pour l'histoire. Il s'agit d'une lettre que j'ai pu me procurer. L'auteur de cette lettre est Nicolas Sarkozy. La destinataire est sa propre mère. Je me suis évidemment posé la question de savoir si, d'un point de vue déontologique, ce n'était pas un manque circonstancié de respect que je devais à l'intimité à laquelle avait droit le chef de l'État. J'ai finalement pensé que ce courrier éclairait l'actualité politique de la France d'une manière originale et bouleversante.

« Ma Dadu, ma chère maman,

C'est ton petit garçon Nicolas qui t'écrit. "Enfin !" dois-tu te dire. C'est vrai que je t'écris pas souvent. Si je passe des coups de fil à tout bout de champ, le courrier c'est pas trop mon truc. Je le fais juste parce qu'ici mes conseillers à l'Élysée me suggèrent de le faire afin de mieux soigner mon vocabulaire pour que quand je vais dans le poste où je suis invité je parle mieux. Entre parenthèses, j'ai décidé de parler moins à la télé mais que quand j'y vais je soigne plus mon vocabulaire pour que ça fasse de l'effet et qu'on dise que je fais des progrès et que je suis à la hauteur de la tâche qui m'a incombé et que les Français ils m'ont confié ça fait trois ans déjà que le temps passe vite.

Je pense bien à toi ma Dadu et tu t'imagines que, ces dernières semaines, j'ai pas arrêté. C'est du souci à gérer les hommes tu peux pas savoir. J'avais envoyé Jean-Louis Borloo chez le coiffeur afin qu'il se fasse une coupe plus propre au cas que je le nommerais Premier ministre. Et puis pas mal de conseillers capillaires m'ont dit : "Monsieur le président, les cheveux ça repousse et que Borloo Premier ministre au bout d'un moment franchement ça le ferait pas trop." Son problème, c'est qu'il boucle. Dès qu'il y a de l'humidité dans l'air ou de l'électricité il peut plus se peigner, il est comme un chien fou. Moi, grâce à toi ma Dadu, j'ai une belle nature de cheveux.

Donc, comme tu as pu le remarquer si tu as regardé la télévision cette semaine, j'ai décidé de changer de style. J'espère que tu as été fière de moi quand j'ai utilisé un imparfait du subjonctif. Au sujet de Borloo justement "j'aurais préféré qu'il restât". Tu peux pas savoir comme je me suis pris la tête avec mes conseillers quand ils m'ont dit de dire ça. "Vous êtes fous, on va rien comprendre. On va dire que je me la pète. Faudrait mieux que je dise *J'aurais préféré qu'il resterait* ou *je préfère qu'il serait resté* ou *j'aurais mieux préféré qu'il serait resté*." Mais non, ils ont insisté : "j'aurais préféré qu'il restât". Bon. Après quand je me suis revu, j'ai trouvé que ça le faisait de dire comme ça. Grave ! Ça pose comme président. Si tu as remarqué aussi, j'ai dit "expressis verbis". C'est du latin ! Ça veut dire "dans les termes mêmes". Ça en jette non ? La prochaine fois, j'ai demandé à mes conseillers de m'en donner d'autres. *Alea jacta est. Ab nihilo. Ad nauseam.* Une fois, comme la reine d'Angleterre, j'aimerais bien dire *annus horribilis* mais j'ai peur que ça me fasse trop rigoler. Je me suis juste gouré en disant : "Ma détermination n'a rien changé." Même si c'est vrai, c'est pas du tout ce que je voulais dire. En vrai, je voulais dire : "Ma détermination n'a en rien changé." Là, je leur ai dit à mes conseillers que, s'ils me trouvaient des phrases trop dures à dire, que forcément j'allais me planter. Voilà ma maman, ce que je voulais te dire. Ici tout va bien. Pierre fait des études de mannequinat et Jean fait toujours de la politique. Pendant qu'ils font ça, ils font pas les cons sur des scooters. Carla qui est à côté de moi se joint à moi pour que je t'embrassas. Euh Carla et moi qui se joigna à moi t'embrassa ainsi que moi... Accepte que nous t'embrassasions... Bon, enfin des bisous. Ton Nicolas. »

Voici donc le courrier, document de l'histoire que je voulais vous lire ce matin. Vous remarquerez que je n'ai même pas cherché à essayer de faire une imitation de la voix du président de la République.

C'est sûrement que j'ai envie de rester encore un peu à France Inter[1].

---

1. L'imitateur Gérald Dahan venait d'être remercié de France Inter.

57

Mon cher Nico
(La réponse de Dadu à son fils Nicolas)

26 novembre 2010

Souvenez-vous, la semaine dernière, grâce aux services spéciaux de France Inter, j'avais été en mesure de vous lire une lettre confidentielle de Nicolas Sarkozy à sa maman Dadu. Cette semaine, un nouveau courrier a été intercepté. Il s'agit de la réponse de Dadu à son fils Nicolas…

« Mon cher Nico, mon tout-petit,
Merci pour ta lettre qui m'a bien fait plaisir. Tu me dis que tu fais des efforts et c'est bien, je te félicite. Ton imparfait du subjonctif, ta citation latine ont fait forte impression, surtout vis-à-vis de mes amies qui le mercredi, une fois tous les quinze jours, viennent prendre le thé à la maison. Nous en profitons pour faire un scrabble. Mme Van der Smissen, tu sais celle dont le fils est ambassadeur en Belgique, ne voulait plus venir depuis ton fameux "cass'toi, pauv'con". En plus, par un fait exprès, ce jour-là j'avais réussi à faire un scrabble en plaçant toutes les lettres du mot "enculé"

que j'avais employé au pluriel. Bien sûr, j'étais embêtée mais qu'est-ce que je pouvais faire, je n'allais pas me passer des cinquante points sous prétexte que ça allait indisposer Mme Van der Smissen. "Si ça ne vous dérange pas de gagner avec des méthodes pareilles, je préfère arrêter les frais", qu'elle a dit, toute rouge de colère. Et elle est partie. Mercredi dernier, elle est revenue, ça m'a bien fait plaisir. La question est de savoir si elle va revenir la semaine prochaine. Il paraît que tu t'es encore lâché en public en traitant tous les journalistes de pédophiles… Même si ce n'est pas un gros mot, "pédophile", et que tu as sans doute voulu faire de l'humour, c'est peut-être un peu exagéré. Parce que sûrement que tous les journalistes ne sont pas des pédophiles, il doit bien y avoir aussi des coprophiles et des gérontophiles. Tu vois, moi aussi je suis capable de faire de l'humour. À propos, j'ai appris que le petit-fils de Mme Ribaudier était hémophile mais ça n'a rien à voir… Bon, enfin, les journalistes sont-ils tous des pédophiles ? Si tu vas par là, tu vas bientôt traiter tous les juges d'instruction de nécrophiles, tous les policiers de podophiles et tous les écologistes de chlorophylles. Ou même, pendant que tu y es, tous les Britanniques de zoophiles vu qu'ils se passionnent en ce moment pour les amours entre une oie blanche et un dauphin…

Mais, là je parle sérieusement, mon petit Nicolas, je te rappelle que tu es quand même président de la République. Ça me fait drôle de te dire ça : « Tu es quand même président de la République », je n'arrive pas à y croire. Et j'ai l'impression que je ne suis pas la seule. Beaucoup de gens n'arrivent pas encore à réaliser que tu es devenu président de la République. Ils pensent que c'est une plaisanterie, ou au moins une erreur, une regrettable méprise. Pourtant, j'ai vu que tu avais fait également des efforts de sérieux puisque tu as renouvelé le contrat de Premier ministre à ton bonnet de nuit. C'est bien. Lui, au moins, il ne doit pas t'entraîner à faire la bamboula jusqu'à pas d'heure. Je pense que tu devrais plus le fréquenter. S'il t'invite à passer un week-end dans la Sarthe, vas-y, ça te reposera et tu respireras le bon air.

J'ai eu peur que tu nommes Jean-Louis Borloo sous prétexte que tu devais le trouver plus rigolo. Nicolas, tu dois faire preuve de responsabilité à ton âge et ne pas chercher systématiquement ton bonheur personnel. Tel que tu étais parti au début de ton mandat, j'ai cru à un moment que, à l'occasion de ses treize ans, tu allais nommer Louis, mon petit-fils, président de France Télévision ou Jean-Marie Bigard chef de l'épiscopat français.

J'ai vu dans le journal que ta cote de popularité avait encore baissé. C'est bien. Même si ça te paraît long, tu n'as plus que deux ans à tirer. Dans le cœur de ta maman, ta cote n'a pas baissé et je serais heureuse que les années suivantes tu puisses être plus disponible pour elle.

Signé : ta Dadu qui t'aime. »

58

Le jour où il ne s'est rien passé

3 décembre 2010

Le 11 avril 1954. Le 11 avril 1954 ! Souvenez-vous. Il ne s'est rien passé. Rien. Des chercheurs de l'université de Cambridge viennent de découvrir que le 11 avril 1954 avait été la date la plus nulle de tout le XXe siècle. La plus creuse ! La plus inintéressante ! La plus inutile. Vous pensiez que c'était le 3 septembre 1928, le 17 mars 1973, le 14 novembre 1997, non, la date la plus inconsistante qui soit entre le 1er janvier 1901 et le 31 décembre 2000 est le 11 avril 1954.

Vous me direz : « Je suis quand même un peu surpris, ce jour-là, je vous fais remarquer, le Paris-Roubaix a été gagné par le Belge Raymond Impanis.

— C'est possible, vous répondrai-je, impassible en apparence mais quand même soufflé par vos connaissances cyclistes. Il n'empêche, le 11 avril 1954 est la date la plus oubliable du XXe siècle. »

Vous chercherez à me contredire en me signalant que ce jour-là au Stade olympique Yves-du-Manoir de Colombes, l'équipe de France de football dans un match amical a perdu contre l'Italie malgré un but de Piantoni à la vingt-sixième minute.

« À la vingt-sixième minute, c'est en effet probable et je veux bien l'admettre, vous répliquerai-je, décontracté dans mon maintien mais totalement ébahi par votre culture footballistique, ça ne contredit pas le fait, ajouterai-je, incisif, que le 11 avril 1954 est la date la plus piteuse du calendrier contemporain. »

Avec l'opiniâtreté gourmande de celui qui ne déteste pas s'engouffrer dans la polémique, vous soulignerez très justement que ce jour-là, le 11 avril 1954, à la conférence de Kandamangalam, la déclaration du consul général indien, Sri Kewal Singh, aboutit au coup d'État de Yanaon puis à la libération définitive des colonies françaises en Inde tandis que, ce même 11 avril 1954, la Belgique votait lors d'élections législatives qui devaient donner la victoire à la coalition libéraux-socialistes alors qu'au Brésil, toujours ce 11 avril 1954, Papanduva n'était plus simplement un district de Canoinhas puisqu'elle accédait au rang de municipalité.

Je prendrai un léger temps afin d'intégrer toutes vos informations, à peine ébranlé dans ma prestance mais ébloui intérieurement par vos hautes connaissances géopolitiques, puis je vous répliquerai sur un ton qui n'admet pas la dénégation : « Peut-être, il n'en reste pas moins, tenez-vous-le pour dit, que le 11 avril 1954 est la date la plus insignifiante et, j'ose le dire, la plus médiocre, la plus inepte, la plus vide du siècle numéro 20. »

Vous tenterez de me prendre par l'affectif. « Votre maman, souvenez-vous, était enceinte de huit mois, elle attendait votre frère aîné. Dans la cuisine, elle chantait les succès de Rina Ketty, de Reda Caire et de Luis Mariano tandis que votre père venait d'ouvrir le journal qui le renseignait sur le président René Coty et sur Joseph Laniel, chef du gouvernement natif de

Vimoutiers, tandis que dans quelques cases amusantes le personnage de Lariflette lui arrachait un sourire.

— Taisez-vous, vous crierai-je, regimbant d'indignation. Taisez-vous ! hurlerai-je, avec ce ton qui ne souffre pas la contradiction. Taisez-vous ! glapirai-je, révolté et bavant de rage, croyez-vous que ce sont vos chantages aux sentiments qui m'empêcheront de répéter avec les chercheurs de l'université de Cambridge que le 11 avril 1954 est la date la plus incontestablement vaine, piètre, négligeable, dérisoire du XXᵉ siècle. »

Vous vous éloignerez, un peu surpris de me voir me mettre dans un état pareil.

Et moi, encore imprégné par ma lecture du journal et son cortège de nouvelles funestes (la faillite des nations européennes, les projets terroristes, la compétition fratricide annoncée chez les socialistes, le suicide à quatre-vingt-quinze ans d'un grand cinéaste[1]), je penserai avec un rien de nostalgie à ce jour béni, à ce jour rêvé, à ce jour idéal du 11 avril 1954, où dans le monde il ne s'est rien passé.

1. Le réalisateur du *Pigeon*, Mario Monicelli, vient de se donner la mort.

59

Liliane la joie

10 décembre 2010

S'il y avait un mot pour résumer la situation de la France cette semaine, ce serait le mot « Joie ». Ou, si vous préférez, le mot « Bonheur ». Ou peut-être, plus justement encore, le mot « Soulagement ». Vous avez remarqué, dans la rue, tout le monde est de bonne humeur. La semaine dernière encore, souvenez-vous, ça paraît être il y a des siècles, les gens étaient maussades, agressifs, pas aimables. « Va donc, hé enflure ! Mais je t'emmerde ! Et la priorité, connard ! » Depuis lundi, le ton a changé : « Mais passez, je vous prie, mais non, c'est à vous, vous êtes prioritaire, mais je vous en prie, mais il n'y a pas de raisons, mais je vous en prie, passez, vous êtes plus pressé que moi… » Partout on revoit des sourires s'afficher sur des visages apaisés, comme on verrait dans les rues commerçantes des devantures fleuries, des vitrines accueillantes qui vous diraient : « Entrez, bel inconnu qui passez, entrez, gracieux flâneur, et visitez ma boutique, il fait si froid dehors, ici c'est confortable… » Un peu comme en 1945, quand le peuple de France recouvrait sa liberté et son espoir et son honneur et sa joie de vivre, il a retrouvé aujourd'hui sa confiance en l'avenir parce qu'une bonne nouvelle est survenue, comme un écho d'amour qui dégringolerait de bouche en oreille, de cour d'immeuble en escalier, de ruelle en chemin, comme une contagion de tendresse qui se propagerait dans le pays tout entier, comme un air de trompette qui résonnerait dans tous les cœurs : Liliane et Françoise se sont réconciliées !

Même au Pôle emploi, l'inquiétude a laissé la place à la félicité. « Monsieur Berthier, j'ai deux nouvelles, une bonne et une mauvaise, je commence par laquelle ? La mauvaise ! La mauvaise, c'est que vous êtes radié. La bonne, c'est que Liliane et sa Fanchon se sont rabibochées. »

Aux Restaurants du cœur, les conversations vont bon train. « Vous avez vu, ça va mieux chez les Bettencourt ! Ouais ! Allez, pour fêter ça, je vous mets un petit biscuit supplémentaire. Mais vous êtes folle, Jeanine ! Faites pas de chichis, Nadège, vos trois enfants se le partageront ! Allez, tiens ! Et un yaourt nature. Mais, Jeanine, mais vous devenez dispendieuse ! Mais, Nadège, c'est parce que vous le valez bien ! »

Bonjour, bonjour, les hirondelles ! Dans la rue, une SDF allongée sur son carton chiale à gros bouillons. « Qu'est-ce qui va pas, madame ? Vous avez froid ? Vous voulez qu'on vous conduise dans un centre d'hébergement ? – Mais non ! C'est de joie que je pleure ! Je pense à ma fille que j'ai pas revue depuis quinze ans, maintenant je me dis que tout n'est pas perdu. Ma Murielle, c'est pas la mauvaise fille, mais elle a toujours été bonnet de nuit, comme Françoise, je me souviens déjà quand elle était gamine, elle me faisait la morale, elle voulait pas que je boive. Moi, je suis comme Liliane, il y a des moments, c'est sûr, je yoyote, j'aime la déconne, mais j'ai bon fond... »

Bien sûr, comme toujours, on pourrait souligner l'aspect plus sombre de cette nouvelle. François-Marie Banier vient d'être déshérité. Un sentiment d'abandon peut naître en lui mais puisque aujourd'hui l'espérance est permise, pourquoi ne pas suggérer en cette période de l'Avent, où bientôt l'on pourra faire l'annonce de la naissance de Christ, à Sylvie Tellier et Mme de Fontenay d'enterrer la hache de guerre des miss, de se faire des gros poutous sur la joue et de recueillir le petit François-Marie, aujourd'hui si esseulé. D'ailleurs si, comme l'ont dit leurs avocats, Françoise et Liliane se sont réconciliées pour retrouver l'harmonie familiale, je veux bien que François-Marie Banier soit nommé miss France 2010.

60

Encore une lettre !

17 décembre 2010

Cette semaine, encore une fois, grâce aux services secrets, une nouvelle missive interceptée. Dans un souci de transparence, j'ai décidé de lire la lettre à l'antenne. Le président de la République écrit à sa mère.

« Ma Dadu, ma chère maman,
Toujours dans le but de parfaire mon apprentissage de la langue française je t'envoyas cette lettre qui j'espère te trouvera en pleine forme. Moi, je suis crevé. Je sais pas si tu te rends compte de tous les efforts que j'entrepris en ce moment. J'en peux plus. Toute la semaine, j'ai pris de la hauteur. J'ai rien dit. Motus. Bouche cousue. Pas un mot. Rien. Je te le dis franchement, par moments, pourtant, ça me démangis. Parce que c'est pas les sujets qui manquâtes. Mais non, j'ai pas moufté, j'ai fait comme mes prédécesseurs, genre, je suis au-dessus de tout, vous êtes bien gentils mais je vais quand même pas m'abaisser à descendre au niveau du populo et j'ai laissé les ministres se dépatouiller avec les emmerdes et se tirer la bourre entre eux. Sur

le coup, ça m'a bien fait marrer. Brice a défendu ses policiers menteurs. Il a eu raison. C'est vrai, comme j'ai dit à Carla, "faut pas exagérer, il y a pas plus de gens malhonnêtes chez les policiers que dans le reste de la population. – T'as raison, elle a dit, il y a pas non plus plus d'analphabètes chez les professeurs de français, plus d'impuissants chez les stars du X, que dans le reste de la population. – C'est sûr, ma Carlita, que j'ai répondu. Comme tu dis, il faut pas généraliser. – Voilà, qu'elle a confirmé. Il n'y a pas non plus plus de mécréants chez les curés que dans le reste de la population", qu'elle a ajouté. Là, je suis pas plus idiot qu'un autre. Je te pose la question, maman, est-ce que je suis plus idiot qu'un autre ? La réponse est non et donc j'ai compris très vite qu'elle se moquât de moi et je lui fisit remarquer que il y avait non plus pas plus d'aphones chez les chanteuses de variétés que dans le reste de la population. Là elle a pas trop apprécié le trait d'esprit et elle me tirit la gueule toute la soirée. Je trouva que si elle me manquit de respect, il n'y eut pas de raison que je me laissa marcher sur les ripatons.

Bon après on se réconciliâmes. Pour ça, on n'a qu'à parler de Fillon. Il nous énerve tous les deux avec ses airs de premier communiant sarthois qu'a toujours raison sur tout et qu'est pas marrant. Comme dit Carla, si t'avais voulu un Sarthois marrant t'avais qu'à nommer Bruno Lochet Premier ministre. J'y avais bien pensé mais en ce moment il est pas toujours libre vu qu'il doit réparer la toiture de son abri de jardinage et qu'il veut refaire le carrelage dans la salle de bains.

L'autre fois, en me couchant, j'ai dit à Carla "Bon, c'est pas le tout mais avec tout ça, moi, il faudrait peut-être que je songeasse à nommer un nouveau gouvernement. – T'es con ou quoi, qu'elle me dit. Je te signale que tu l'as déjà fait le mois dernier. – Ah c'est vrai, que je lui dis, je m'en rappelais plus. Faut dire qu'on n'a pas trop l'occasion de s'en rendre compte."

Je t'embrassai bien fort ainsi que Carlita qui se joignit à moi.

Ton Nico qui t'aime.

Post-scriptum. T'as vu, je me sers encore du latin. Post-scriptum. Et puis j'aime quand même mieux dire Post-scriptum que PS.

Post-scriptum donc... Fillon, je vais l'appeler, afin qu'il fasse interdire la neige sur les chaussées dans les jours qui viennent. On verra s'il fait toujours le malin.

61

Nativité

24 décembre 2010

Bonjour… Allô France Inter ? Patrick Cohen, vous m'entendez ? Patrick ?… Oui, ma tournée internationale fait que je suis en duplex de Bethléem où, grâce aux moyens mis en place par France Bleu Judée, je suis très précisément coincé entre un âne et un bœuf et je peux vous dire que l'ambiance est très chaleureuse ici, visiblement à quelques heures semble-t-il d'un heureux événement, la naissance d'un bébé, ce qui est toujours, vous en conviendrez, un moment extrêmement émouvant. La maman est une toute jeune femme prénommée Marie, elle est actuellement en train de feuilleter *J'élève mon enfant* de Laurence Pernoud. Quand tout à l'heure je lui ai demandé : « Alors, c'est pour bientôt la naissance ? », elle m'a repris en disant : « Je préfère parler de nativité. » Un peu de préciosité donc chez la jeune femme. Naissance, nativité, pourquoi pas nativitude ? Un manque de simplicité dans l'expression curieusement associée à une absence totale de connaissances concernant la sexualité puisqu'elle m'a soutenu qu'elle était vierge. Lorsque j'ai contesté, je me suis fait remettre vertement à ma place, notamment par l'âne et par le bœuf. Je dois dire pour être tout à fait honnête que je n'ai pas bien compris le fonctionnement de la cellule familiale. Il semblerait que le monsieur que j'ai pu rencontrer, un dénommé Joseph, charpentier de son état, ne soit pas exactement le père de l'enfant qui serait en réalité un certain monsieur Dieu, apparemment toujours invisible. Il s'agirait vraisemblablement d'une famille recomposée comme il y en a tant aujourd'hui et je ne me risquerai pas à faire le moindre commentaire, même si effectivement on peut trouver un peu dommage que monsieur Dieu n'ait pas cru bon d'être physiquement sur place et que pour le moment il ne semble pas vouloir donner le moindre signe de vie.

Alors, si c'est un garçon, il s'appellera Jésus. Il est évident que ce n'est pas à moi de faire des réflexions au sujet du prénom que l'enfant devra se trimbaler toute sa vie. Je pense que si je réussis à trouver le bon moment, j'essaierai de faire prévaloir que le choix d'un prénom n'est jamais anodin, qu'il conviendrait sans doute d'opter pour quelque chose de plus classique, mais qui puisse évoquer à la fois la force de caractère et la sensibilité, l'intelligence et le charme, je pensais par exemple à « François ».

Je me trouve donc à Bethléem dans une crèche. Certains auditeurs seront sans doute surpris de constater que la naissance de cet enfant puisse avoir lieu dans une crèche quand on sait la difficulté de trouver une place avant deux ans et demi. Il semblerait, je parle au conditionnel, que le véritable père, ce monsieur Dieu cité plus haut, puisse être un personnage très, très haut placé.

On pourra également s'étonner que les services d'hygiène aient pu accepter la présence dans la crèche d'un âne et d'un bœuf. Je sais bien que certaines thèses pédagogiques veulent favoriser la présence d'animaux auprès des jeunes enfants. Pourquoi pas en effet, mais dans ce cas-là ce serait bien de changer la litière.

Ah ! la maman vient de poser son livre. Il semblerait qu'elle s'agite tout d'un coup. Elle se retourne. Elle est en train de subir les premières contractions. Tout va très vite ici. Joseph s'approche avec des linges humides. Visiblement, la poche amniotique vient de se rompre. Marie vient de perdre les eaux en direct sur France Inter. Une fois encore, un grand merci aux équipes de France Bleu Judée. Le travail de contractions à la fois abdominales et utérines bat son plein. Marie, la jeune parturiente, adopte la position dite « à l'anglaise » pendant cette nouvelle phase que nous sommes en train de vivre en direct et qui la conduit à se verticaliser afin de faciliter l'expulsion du nouveau-né. Je dois avouer que nous sommes pris un peu de court par un événement que nous imaginions plutôt arriver la nuit prochaine. Je distingue déjà la tête de l'enfant. Tout va très vite ici. J'aperçois la petite tête grimaçante de l'enfant presque entièrement sorti du ventre de sa maman. C'est absolument saisissant. L'enfant respire. Il doit tout d'un coup s'habituer à cette nouvelle vie aérienne qui s'ouvre à lui. Il crie ! Il pleure ! Ce que je suis en train de vivre à ce micro est à la fois l'acte le plus banal, le plus ancestral de l'humanité et en même temps l'acte le plus pur, ce miracle renouvelé qui nous remplit d'amour et de compassion. On pose l'enfant sur sa maman. Joseph s'apprête à couper le cordon ombilical. L'âne et le bœuf autour de moi trépignent d'excitation ! L'enfant se retourne sur le ventre de sa maman.

C'est une fille ! C'est une fille ! Si ça avait été un garçon, il se serait appelé Jésus. C'est une fille ! Elle s'appellera Marion ou Monique ou Rebecca ou Yasmina ou Violette. Elle vient d'être mise au monde. Elle est l'espoir de l'humanité !

62

Café gourmand...

31 décembre 2010

C'est d'une invention récente que j'aimerais parler aujourd'hui. Je ne vais pas parler de l'ePad, d'ailleurs l'objet de ma chronique est une création française dont on ne connaît pas le nom de l'inventeur.

C'est une invention suffisamment importante pour s'être immiscée dans le quotidien de nombreuses personnes, notamment celles qui sont obligées de manger en dehors de chez elles.

Je veux parler du café gourmand.

Il y a quelques années, en fin de repas, la question qui se posait était simple, on prenait un dessert ou directement un café. C'était clair. C'était limpide. Soit on ne craignait ni le cholestérol ni le diabète et on se commandait un baba au rhum, un mille-feuille, des profiteroles au chocolat, une charlotte aux fraises, une île flottante, soit on allait illico vers un plus ascétique colombien. Soit on se disait qu'on n'en avait rien à foutre des kilos en trop et des recommandations de son médecin, que, de toute façon, il fallait bien mourir de quelque chose, que je te fais remarquer je n'ai pas pris d'entrée, que quasiment hier soir je n'ai pas mangé, que s'il faut se priver sur tout alors bon c'est même pas la peine d'aller au restaurant, soit, plus raisonnable, on commandait juste « un café, l'addition ».

C'était avant l'apparition de l'intrigant café gourmand. C'était du temps où le monde était simple. Il y avait la Gauche, la Droite, l'Ouest, l'Est. Il y avait son père, sa mère, sa femme, sa maîtresse. Le monde était binaire. Aujourd'hui un encarté socialiste dirige le FMI, la Chine communiste monte à l'assaut du commerce international avec un appétit ultra-capitaliste. Le monde est devenu flou, embrouillé, complexe, incompréhensible et le café gourmand a fait son apparition.

Ce midi, vous allez prendre un flétan cuit à la vapeur avec des brocolis, vous avez encore en tête le souvenir cuisant de votre passage sur le pèse-personne le matin même et, ni une ni deux, vous commanderez « un café s'il vous plaît ».

« Vous ne prenez pas de dessert, monsieur Morel ? s'étonnera le garçon qui vous connaît bien.

— Non, vous répondrez, sûr de vous, fier de votre décision, ému par votre courage moral, votre force de caractère, non, pas de dessert aujourd'hui, Albert, je vais prendre directement un café !

— D'accord, monsieur Morel, comme vous voulez, il me restait une forêt-noire avec un coulis de framboise que j'avais gardé pour vous...

— C'est gentil, Albert, mais non. Juste un café.

— Comme vous voulez, monsieur Morel, c'est comme si c'était fait, je vous l'apporte tout de suite ! Vous ne voulez pas un café gourmand ? »

Et le piège se refermera sur vous.

Alors que vous aviez décidé de ne pas prendre de dessert, vous vous retrouvez avec quatre pâtisseries devant vous. Un macaron, une mignardise, une boule de glace à la vanille et un vieux morceau de forêt-noire à la framboise qui restait depuis avant-hier et dont on n'avait pas pu se débarrasser.

Parce que, si le café gourmand est une malédiction moderne pour le client, c'est une véritable bénédiction pour le restaurateur qui a trouvé le moyen de refourguer des vieux rogatons qui seraient directement partis vers les poubelles sans cette invention miraculeuse.

Le café gourmand est une insulte à l'intelligence. Parce qu'un café n'est pas gourmand. Jamais ! Un café peut être sucré comme un baiser, allongé comme un corps endormi, corsé comme une histoire à Toto, clair comme du jus de chaussettes, noir comme de l'ébène, serré comme une ceinture en période de crise, léger comme un cœur apaisé, glacé comme un marron, frappé comme une monnaie, fort comme un Turc, doux comme un agneau, brûlant comme ton corps alangui sur le mien, arrosé comme la rue de Siam, il ne sera jamais gourmand ! Un café peut être éthiopien, viennois, italien, liégeois, chocolaté, calva, tout ce que vous voulez ! Gourmand jamais !

Refusons le diktat de ce café gourmand
Qui ne dit pas son nom et vous rend dépendant
Rejetons à jamais ce dessert hypocrite
Refusons les douceurs d'un fricot sans mérite
Réclamons aujourd'hui de créer une loi
Pour empêcher qu'arrive à la fin des repas
Ce café si retors imposteur et matois
Si dissimulateur et perfide et sournois...

Non un café ne peut pas être gourmand ! Pas plus qu'un café ne peut être lunatique, espiègle ou amoureux ! Un café ne peut pas être honteux non plus comme vous quand, après avoir enfilé quatre desserts, vous considérez votre lâcheté sans indulgence... Quatre desserts dont certains reliefs crémeux demeurent autour de votre bouche souillée. Vous vous sentez tellement avili, abject, méprisable, vaincu… Vous repensez à la détermination que vous aviez eue ce matin même en descendant de votre pèse-personne, vous anticipez avec effroi le sentiment de dégoût que vous connaîtrez le lendemain matin dans votre salle de bains quand, de nouveau, vous aurez pesé votre corps exponentiel… Vous avez besoin de réconfort, d'un coup de fouet, d'une ultime impulsion pour poursuivre une journée que vous savez perdue…

« Albert ! Vous me remettrez un petit café ! Et puis l'addition ! »

63

Épiphanie

7 janvier 2011

Hier, Marie, Joseph et le petit Jésus ont reçu la visite des Rois mages, Gaspard, Melchior et Balthazar.

La première chose que Marie a dite quand elle les a vus débarquer, c'est : « Regardez pas le ménage.

— Des rois, dans une étable, on aura tout vu », ont dit les voisins, un peu jaloux.

Joseph, pour faire la conversation a dit : « Alors, vous n'avez pas eu trop de mal à trouver ?

— Non, non, qu'a fait Melchior, on a suivi l'étoile dans le ciel.

— Ah, d'accord », a fait Joseph un peu déconcerté.

L'âne et le bœuf ont opiné du chef pour se donner une contenance.

« C'est ça qu'il nous faudrait, a dit Marie, si on doit décaniller rapidos de Judée, c'est un GPS.

— Un quoi ? » qu'ont fait Melchior, Gaspard et Balthazar, et puis l'âne et le bœuf se sont mis à braire et à beugler. « Taisez-vous », a gueulé Joseph. L'âne s'est mis à pisser vigoureusement.

« Regardez pas le ménage », a redit Marie en

déballant la galette à la frangipane qu'elle était allée chercher à la boulangerie au cas où qu'elle aurait du monde.

On a tiré les rois. Jésus s'est caché derrière le bœuf. « C'est pour qui ? – Pour maman. – C'est pour qui ? – Pour papa. – C'est pour qui ? – Pour Jésus !

— Tu ne serais pas en train d'oublier les invités ? a fait Joseph en rigolant. Et celui-là, c'est pour qui ?

— Pour le vieux qui fait peur.

— Tu veux dire Melchior ? a dit Marie en fronçant les sourcils. Et celui-là, c'est pour qui ?

— Pour le jaune qui ressemble à un Peau-Rouge, a dit Jésus.

— M. Gaspard, a repris Marie d'un air sévère.

— Et celui-là, c'est pour…

— Ben, c'te question, a répondu Jésus qui était très en avance pour son âge. Vu que l'âne et le bœuf ils y ont pas droit vu qu'ils sont du genre végétarien, le dernier morceau, c'est pour celui-là qui reste.

— Exactement, a dit Marie, très conciliante, c'est pour M. Balthazar. »

La maman de Jésus était déjà assez soulagée que le petit n'ait pas fait allusion à la couleur de la peau du troisième roi qui était noir.

« Balthazar le négro ! Balthazar le négro ! » a crié Jésus qui s'est aussitôt ramassé une rouste par Joseph.

« Tiens, prends ça, ça t'apprendra à te moquer du pauvre monsieur qu'a pas la chance d'être blanc comme nous mais que c'est quand même pas de sa faute. Je m'excuse, mon roi. »

Marie a levé les yeux au ciel. Elle avait encore tiré le bon numéro.

Après, tout ce petit monde s'est mis à manger la galette.

On ne peut pas dire que la conversation battait son plein.

« Quand personne ne parle, ça veut dire que c'est bon, a dit Gaspard.

— C'est sûr », a acquiescé Melchior.

Et puis, le silence s'est réinstallé dans la petite étable de Bethléem.

« Un ange passe, a fait Balthazar, fermez les portes et les fenêtres, qu'on rigole ! »

L'allusion du roi asiatique est tombée un peu à plat. Alors, il s'est cru obligé de donner des explications : « C'est Jean Cocteau qui disait à peu près ça, sauf que lui il ne disait pas : qu'on rigole, il disait : qu'on l'en…

— Ça va, a dit Jean-Luc Hees qui passait par là, avec l'épidémie de gastros, il y a encore pas mal de gosses qui sont à la maison… »

À l'arrivée du directeur de Radio France, Marie en a profité pour mettre la fève dans la part du petit, pour qu'il soit content.

Alors, Jésus a déballé ses cadeaux, de la myrrhe, de l'or et de l'encens. Il est allé immédiatement sur eBay pour faire des échanges et essayer de trouver une PlayStation si possible en essayant de récupérer une Super Mario Galaxie 2.

Les rois se sont levés.

« C'est pas tout ça, qu'ils ont fait, on a de la route. »

Jésus a refusé de dire au revoir aux rois sous prétexte qu'ils étaient vieux et qu'ils avaient de la barbe. Et puis, en finissant son morceau de galette, il a manqué s'étouffer avec la fève.

Il a fini par tout vomir sur la paille au moment où, de concert, le bœuf et l'âne se sont mis à déféquer.

« Regardez pas le ménage », a refait Marie, légèrement absente.

Le soir, en fumant sa pipe, Joseph était grognon. Déjà qu'au lit sa femme n'était jamais trop partante pour la rigolade, il se demandait si, en plus, elle n'avait pas tendance à chercher des fréquentations un peu trop au-dessus de sa condition.

64

Casting

14 janvier 2011

Bientôt, sur tous les écrans, sortira un film dont le personnage principal est Nicolas Sarkozy. Il sera interprété par Denis Podalydès, recouvert pour l'occasion d'une perruque et, j'imagine, affligé de tics nerveux et d'une sémantique approximative qui ne devra rien au répertoire habituel de ce familier des grands textes.

Si la droite est présente au cinéma, la gauche doit l'être. Il n'y a pas de raison. La perspective des primaires au parti socialiste pourrait inspirer un scénario d'une telle force, d'une telle violence, d'une telle cruauté que *Les Affranchis* de Scorsese ou la série des *Parrain* passeront immédiatement pour de gentilles bluettes inoffensives destinées à endormir les enfants sages.

Le casting est important. Il faut le soigner. Qui jouera le rôle de Martine Aubry ? C'est un petit peu la question… Je ne vous cache pas qu'il s'agit d'un rôle difficile, un peu ingrat… La femme sérieuse, austère… Celle qui tient la maison. Le genre Maria Casarès dans *Les Enfants du paradis*. Pas forcément marrante, marrante, mais intègre.

Oh ! bien sûr, pour interpréter le rôle de Ségolène Royal, il y aura du monde !

La rebelle, la fantasque, l'imprévisible… Qui ? Carole Bouquet ? Valérie Lemercier ? Isabelle Huppert qui peut tout jouer ? Pourquoi pas Catherine Mouchet qui, des années après *Thérèse* d'Alain Cavalier, pourrait revenir à un rôle de vierge extatique traversée par la grâce ? Ou pourquoi pas Claire Nadeau qui, au côté de Stéphane Collaro, a déjà joué le rôle de Mme Foldingue ?

Mais qui pour jouer Martine Aubry ?

Pourquoi pas Josiane Balasko, qui, grâce à un rôle à contre-emploi, pourrait acquérir définitivement son statut d'actrice sérieuse, voire un tout petit peu chiante, et peut-être même obtenir un César.

Pour Dominique Strauss-Kahn, il faut du solide… Daniel Auteuil ? André Dussolier ? Pierre Arditi, s'il accepte de prendre quelques kilos ? Gérard Depardieu, s'il accepte d'en perdre ? Ou, pourquoi pas, Isabelle Huppert, qui peut TOUT jouer.

Les seconds rôles doivent également être soignés. Pour Laurent Fabius, je verrais bien quelqu'un comme Kad, ou comme Michel Blanc, ou, ça peut être une bonne idée, comme Denis Podalydès qui pourrait endosser le rôle sans rajout capillaire.

Pour interpréter François Hollande, qui, selon les options scénaristiques choisies, pourrait passer de second à premier rôle, je pensais à François-Xavier Demaison, qui, après *Coluche, l'histoire d'un mec*, renouerait avec son talent pour jouer les comiques.

Mais qui pour jouer Martine Aubry ? Karine Viard ? Elle est trop jeune. Catherine Deneuve ? Elle est trop blonde. Brigitte Lahaie ? Elle est trop cul. Yolande Moreau ? Elle est trop grande. Mimie Mathy ? Elle est trop.

Ce n'est pas facile…

En ce qui concerne Arnaud Montebourg, je pense qu'il ne faut pas platement, banalement, rechercher à tout prix la ressemblance physique. En effet, sans aller chercher plus loin, je crois que je pourrais moi-même être très bien dans ce rôle de grand garçon séduisant, passionné, bouillant, bouillonnant… Grâce à ma fréquentation des studios de France Inter, je pourrais très bien, afin de m'immerger dans le rôle, effectuer un rapprochement sérieux vis-à-vis d'Audrey Pulvar, quitte à passer du temps avec elle, des soirées, des week-ends, des vacances, des nuits s'il le faut, et ainsi aborder le personnage de l'intérieur.

Mais Martine Aubry ? C'est pas facile.

Il faudrait également penser à donner un rôle à Lionel Jospin, qui dans l'excellent film *Le Nom des gens* a fait ses premiers pas au cinéma en interprétant le rôle de Lionel Jospin. La question est de savoir si Lionel Jospin peut jouer autre chose que Lionel Jospin. Si la réponse est non, on ne pourra lui donner qu'un tout petit rôle. À peine une figuration.

Mais qui pour jouer Martine Aubry ? Emmanuelle Devos ? Dominique Blanc ? Sandrine Kiberlain ? Catherine Frot ?

Bon, allez, oui, d'accord : Isabelle Huppert. Elle peut tout jouer.

65

En Utopie

28 janvier 2011

À la fin de ce 7-9, je voudrais rapidement résumer toutes les informations révélées ce matin et qui naturellement seront commentées et développées tout au long des différents journaux de la journée.

D'abord, la conférence de presse pendant laquelle le président a fait son mea culpa au sujet notamment de la Tunisie a eu pour conséquence la démission de la ministre des Affaires étrangères, Mme Alliot-Marie, qui, hier soir, dans une brève allocution, a présenté ses excuses au peuple tunisien et sa démission du gouvernement de la France. Avec des mots très durs vis-à-vis d'elle-même, elle a notamment évoqué sa honte. « Ma proposition de venir en aide au régime dictatorial de M. Ben Ali, afin de mater les manifestants, était proprement scandaleuse », a-t-elle déclaré avant de poursuivre : « Je me sens aujourd'hui indigne de poursuivre la mission qui m'a été confiée. »

Quasiment au même moment, on apprenait que M. Dominique Strauss-Kahn quittait définitivement le Fonds monétaire international. Dans un message révélé par l'AFP, il déclare qu'après avoir donné la Tunisie comme modèle économique aux pays émergents, il n'était plus en mesure d'offrir une parole crédible et en tirait toutes les conséquences. Sa déclaration se termine par les mots suivants : « Je renonce définitivement à la vie publique. »

C'est donc à un véritable séisme au sein de la politique française que nous sommes en train d'assister.

Ajoutons que ces deux communications, aux tons volontairement sincères et solennels, ont occasionné des répercussions en chaîne…

C'est ainsi que Jacques Servier a décidé de partager son immense fortune avec les victimes du Mediator. Mmes Françoise et Liliane Bettencourt ont décidé, d'un commun accord, après l'indécent spectacle que pendant des mois elles avaient offert à la population française, de faire de la Fondation Abbé Pierre leur unique héritier.

J'apprends à l'instant que M. Nicolas Sarkozy prend acte de la démission de Mme Alliot-Marie ainsi que de celle du président du FMI. Il dit comprendre la position des démissionnaires puisque lui-même ne pouvant se prévaloir d'un bilan suffisant a décidé de ne pas oser se représenter en 2012.

Ce n'est pas fini, puisque, véritable coup de théâtre, M. Frédéric Mitterrand, ministre de la Culture, a déclaré que si ça continuait comme ça, il ne renoncerait peut-être pas à sa nationalité tunisienne, mais qu'il resterait un petit peu moins longtemps cet été à Hammamet et que si ça devait devenir trop compliqué, il demanderait l'asile politique à la Corée du Nord afin d'y installer un petit pied-à-terre.

Je rappelle que toutes ces informations seront reprises au cours des prochains journaux de la rédaction.

Une dernière nouvelle. Bernard Guetta, n'ayant pas

obtenu la direction du journal *Le Monde*, vient d'accepter la direction du magazine *Penthouse*. Il vient de déclarer : « C'est le plus beau cadeau d'anniversaire que je pouvais recevoir. »

C'était François Morel, pour France Inter, envoyé spécial en Utopie.

66

Carla Bruni n'est plus à gauche
4 février 2011

Ça a été comme un coup de tonnerre quand on a appris la nouvelle. Une détonation qui s'est répandue dans tout le pays, dans les ateliers, dans les usines, sur les chantiers… Partout dans la France qui peine, qui travaille, qui transpire, ça a été la consternation, la tristesse, le désespoir. Parce qu'on ne s'y attendait pas, le choc a été d'autant plus brutal.

Dans la salle Youri-Gagarine qui réunit les cocos, les socialos, les radicaux, les vieux trotros, les anciens maos, les débats se sont poursuivis tard dans la nuit…

« Robert, tu es sûr qu'elle a vraiment dit ça ?

— Puisque je te le dis !

— Tu es certain que ce n'est pas une rumeur contre-révolutionnaire ?

— Mais putain, Jean-Mi, c'est marqué noir sur blanc dans le journal !

— Ah oui ! Parce que toi, tu crois encore à la désinformation de la presse bourgeoise, à l'intoxication des masses par les suppôts du capitalisme, Robert, tu ne vois pas qu'on nous manipule ? Tu ne vois pas qu'on essaie de désespérer Billancourt ? »

Quand, soixante-douze heures plus tard, aucune dépêche n'est venue contredire l'information donnée par le journal *Le Parisien* du 31 janvier 2011, Robert a bien dû se résoudre à accepter la nouvelle. Dans les bras de Jean-Mi, il a pleuré. Tous les deux, ils tombaient de haut, d'un ciel rouge et flamboyant, celui de la révolte, des revendications et de la perspective de lendemains qui chanteraient plus haut, plus fort, plus juste. Alors, c'en était fini de l'espoir ? De la conviction que la réalité devait changer, de l'aspiration à un monde plus juste où tous les enfants mangeraient à leur faim, où tous les exploiteurs seraient bannis, où les ouvriers, les paysans recouvreraient leur dignité.

Cent fois, ils ont relu l'article du *Parisien*. Ils étaient abattus comme le serait un prêtre à qui l'on prouverait l'inexistence de Dieu. Ils étaient révoltés comme le serait un chiffonnier d'Emmaüs qui viendrait d'apprendre que l'abbé Pierre possédait un compte en Suisse. Ils étaient humiliés comme les communards de 1870 l'auraient été s'ils avaient appris que Louise Michel, après avoir accordé ses faveurs à Adolphe Thiers, applaudissait l'écrasement de l'insurrection et la déportation des communards vers Cayenne. Ils étaient en colère. Une colère froide, intense, profonde. Cent fois, ils ont relu l'article du *Parisien* et les signes typographiques se mêlaient dans un brouillard d'incompréhension et de douleur.

« Carla Bruni-Sarkozy n'est plus à gauche. Carla Bruni-Sarkozy n'est plus à gauche. Carla Bruni-Sarkozy n'est plus à gauche…

— Qu'est ce qu'on va faire, mon Robert ?

— Je ne sais pas, mon Jean-Mi, je sais pas… »

Tout d'un coup, la délocalisation prévue de leur usine vers la Pologne leur a semblé anecdotique, dérisoire… Plus rien n'avait de sens puisque la pasionaria élyséenne venait de tourner casaque. Choquée lors de l'affaire Frédéric Mitterrand-Roman Polanski que « des responsables socialistes » disent « la même chose que ceux du Front national », Carla Bruni, jamais heurtée par le bouclier fiscal, la politique antiroms, les lois sécuritaires, les blagues racistes de Brice Hortefeux, la suppression des postes dans le service public, les inégalités croissantes entre les riches et les pauvres, montrait combien son engagement pouvait être sincère, profond, argumenté.

Carla Bruni-Sarkozy n'est plus à gauche. Philippe Val va-t-il continuer à entretenir des relations avec elle ? On ne sait plus quoi penser. On est un peu perdu. Le mieux sans doute est de ne pas réagir trop à chaud devant ces événements qui bouleversent le paysage politique français, donc international. La chute du mur de Berlin, tout d'un coup, semble une péripétie. Les attentats du 11 septembre 2001 semblent un épiphénomène que l'histoire contemporaine devra remettre à sa juste place. Carla Bruni-Sarkozy n'est plus à gauche.

Un jour, peut-être, on découvrira que Mireille Mathieu était une taupe lambertiste ou couchait avec Olivier Besancenot.

Mais ce jour-là, en apprenant la nouvelle, Jean-Mi et Robert, qui se rendront au Pôle emploi, n'auront peut-être même plus la force de trouver des raisons d'espérer.

67

La grenouille et le roi

11 février 2011

Il était une fois un roi qui aimait s'amuser. Le jour de son investiture, il fit une grande fête avec ses amis les plus riches puis partit sur un bateau prêté par l'un de ses amis les plus fortunés.

Dans une boîte d'allumettes, il possédait une petite grenouille. C'était le seul être qui, sur tout le royaume, osait lui parler en toute franchise.

« Monseigneur, lui dit la grenouille, le peuple s'émeut. Votre image en pâtit. Le peuple pourrait penser que vous êtes un parvenu. Ce n'est pas bon pour vos affaires.

— Tu as raison, je n'avais pas pensé à cela…, fit le roi, magnanime, moi qui veux un État irréprochable, je décrète que désormais il n'y aura plus de Fouquet's et plus de croisière. »

Et, dans la boîte d'allumettes, il rangea la grenouille.

Un jour, le roi nomma son fils encore scolarisé à la tête d'un riche comté.

« Monseigneur, lui dit la grenouille, le peuple se trouble. Votre image en pâtit. Nommer votre fils pourrait laisser penser qu'il bénéficie d'un traitement de faveur. Ce n'est pas bon pour vos affaires.

— Tu as raison, fit le roi, compréhensif, je n'avais pas pensé à cela. Moi qui veux un État irréprochable, je ne veux aucun favoritisme pour mon fils et exige désormais qu'il finisse ses études. »

Et, dans la petite boîte, il rangea la grenouille.

Un jour, le roi nomma un ministre qui fumait des cigares. Il les aimait tant qu'il en achetait par centaines, par milliers, les offrait, les distribuait, les fumait. Le peuple regardait au-dessus des palais toutes ces volutes arrogantes et dispendieuses qui traversaient leurs tristes cieux.

« Monseigneur, lui dit la grenouille, le peuple se crispe. Votre image en pâtit. Tout cet argent qui part en fumée. Le peuple pourrait penser que vous nommez des profiteurs qui méprisent l'intérêt public. Ce n'est pas bon pour vos affaires.

— Tu as raison, fit le roi, généreux, je n'avais pas pensé à cela. Moi qui veux un État irréprochable, je révoque ce ministre et ordonne que désormais chacun sur ses propres deniers achète ses cylindres tabagiques. »

Et, dans la petite boîte, il rangea la grenouille.

Un jour, la grenouille eut vent de rapprochements entre le grand argentier et la plus grande fortune du royaume qui oubliait de déclarer toutes ses richesses. Le grand argentier du royaume qui était également le grand argentier du grand rassemblement du parti des amis du roi avait une épouse employée par la plus grande fortune du royaume.

« Monseigneur, lui dit la grenouille, le peuple se scandalise. Votre image en pâtit. Tous ces conflits d'intérêts dans le monde argenté quand le chômage grandit et que la pauvreté s'installe. Ce n'est pas bon pour vos affaires.

— Tu as raison, fit le roi, bienveillant, je n'avais pas pensé à cela. Moi qui veux un État irréprochable, je décide aujourd'hui de congédier mon grand argentier. »

Puis, il rangea la grenouille.

Un jour, la ministre chargée de la Diplomatie et des Lointains Pays proposa à un ami dictateur d'envoyer la police du roi pour mater la rébellion. Le jour suivant, on apprit qu'elle avait bénéficié pour ses déplacements aériens de largesses d'un bon ami du dictateur. Seul le premier grand chambellan la défendit, puis on apprit que lui-même se faisait offrir ses vacances aux frais d'un despote.

« Monseigneur, lui dit la grenouille, je ne sais plus trop quoi vous dire. D'accord, vous êtes le roi du rétropédalage, mais, je vais vous dire franchement, le peuple se demande si depuis le temps vous ne seriez pas un petit peu en train de vous foutre de sa gueule avec votre histoire d'État irréprochable quand on voit toute votre bande de petits marquis qui se vautrent dans la magouille, les petits arrangements et la combine.

— Tu as raison, fit le roi résolu, je n'avais pas pensé à cela. »

Et, d'une main ferme, il écrasa la grenouille qui sur-le-champ trépassa. À la place, il commanda un rapport sur la déontologie de la vie publique, qu'il plaça aussitôt sous son siège afin de caler son trône brinquebalant.

Depuis, plus jamais personne ne critiqua le roi qui continua de régner sur le royaume irréprochable des jolis contes pour les enfants.

68

Le pet malawite

18 février 2011

La chronique de ce matin a pour thème les conséquences de la naissance de la démocratie dans des pays qui abandonnent la dictature. La chronique de ce matin se propose, après de longs moments consacrés à de vains bavardages, à des oiseux verbiages, de prendre un peu de distance et si possible d'élever un débat qui manque singulièrement de perspective. Si je donne aujourd'hui l'impression de piétiner les plates-bandes de Bernard Guetta en évoquant un sujet géopolitique, c'est que le journaliste susnommé n'a pas cru bon, par lâcheté, par pudibonderie, par bienséance mal placée, de traiter une question que je n'aurais pas peur ce matin de considérer avec la plus grande gravité.

Le Malawi est un pays situé dans l'Afrique australe, entre la Zambie, le Mozambique et la Tanzanie. Le Malawi n'a aucun débouché sur la mer et cela n'est peut-être pas sans conséquence sur le sujet qui nous occupe ce matin.

Au Malawi, le ministre de la Justice George Chaponda vient de faire une déclaration qui a fait grand bruit. Il envisage d'interdire de péter en public. Une loi existe, elle date de 1929. Elle stipule que « toute personne viciant l'atmosphère en tout endroit où telle activité s'avère nocive pour le public ou pour la santé des occupants du domicile ou des personnes commerçant dans le voisinage ou bien empruntant une voie publique se rend coupable d'un délit ».

Sur les ondes de la radio indépendante « Capital Radio », le ministre Chaponda a développé sa politique vis-à-vis du pet. « C'est le droit du gouvernement de maintenir la décence publique. C'est à nous d'imposer l'ordre. »

Sa thèse est la suivante : après trente ans de dictature, en 1994, le pet s'est développé. Du temps de la dictature, le peuple malawite se retenait de péter car il avait peur des conséquences. Avec la démocratie, il s'est lâché. Que l'expérience malawite serve d'exemple à tous les pays qui, dans leur naïveté, pensent que la démocratie est la panacée…

Les politiques d'Hitler, Staline, Mussolini, Pinochet comportaient sans doute des inconvénients, mais les peuples avaient alors une maîtrise incomparable de leurs sphincters. En France, le Grenelle de l'Environnement n'a pas cru bon de prendre une décision concernant le pet. C'est dommage. Ne s'agit-il pas là d'un manque de courage caractérisé dont un jour les générations futures auront à payer les conséquences ?

Je voudrais vous narrer un fait divers récent qui a eu lieu dans le Pas-de-Calais. Plus exactement, dans la commune d'Avion, près de Lens (*La Voix du Nord* s'en est fait l'écho), un homme, à cinq heures du matin, dans le lit conjugal a pété.

Sa compagne, irritée, contrariée, incommodée, décide d'ouvrir la fenêtre. L'homme, exaspéré, fâché, importuné, décide d'étrangler sa compagne.

Car son pet, visiblement, non content d'être nauséabond, était de travers.

Si M. le président de la République avait eu vent de cette affaire, nul doute qu'il aurait décidé sur-le-champ de créer une nouvelle loi afin de circonscrire et de légiférer l'usage du pet, dans le domaine public ainsi que dans le domaine privé. C'est une question de courage politique.

La difficulté bien sûr sera de prendre le péteur sur le fait. Sur le vif.

Ce n'est pas simple. Que cela ne nous empêche pas de créer une loi supplémentaire. Ce ne sera pas la seule inapplicable mais au moins celle-là nous distraira.

Dite MAM

25 février 2011

Qu'est-ce qu'on va bien pouvoir faire de Michèle Alliot-Marie (dite MAM, Maladresse Après Maladresse) ? Qu'est-ce qu'on peut en faire ? Si vous avez une idée, franchement, c'est le moment de le dire. Je ne vous cache pas que c'est assez pressé. Qu'est-ce qu'on va bien pouvoir faire d'un engin pareil ? C'est terrible, on croit être débarrassé d'un boulet, par exemple on le renvoie sur les champs de courses de Chantilly, on se dit que cette fois-là on est tranquille, pensez-vous, il en repousse ! On n'est jamais à l'abri. On dirait que ça se reproduit tout seul.

Qu'est-ce qu'on va bien pouvoir faire de Michèle Alliot-Marie (dite MAM, Mensonge Après Mensonge) ? C'est la question qui se pose au président de la République, au chef du gouvernement, à la majorité actuelle mais aussi à tous les citoyens français qui devraient avoir comme principal représentant à l'étranger le chef de la diplomatie française, Michèle Alliot-Marie (dite MAM, Médiocrité Affairisme Mépris).

Pour la première visite officielle française en Tunisie depuis la chute de Ben Ali, on a envoyé Wauquiez,

Lagarde, ma sœur, ma cousine, mon hamster, mais pas Michèle Alliot-Marie (dite MAM, Malvenue Au Maghreb). C'est au Brésil qu'on a préféré expédier Michèle Alliot-Marie (dite MAM, Ministre À Moitié), histoire de danser la samba, écouter la bossa-nova ou même passer la nuit à boire des cocktails au bar de l'hôtel… (« Dites, un dernier verre, madame Michèle Alliot-Marie, dite MAM, Mojito Après Minuit ? »), mais surtout ne plus dire un mot sur les Tunisiens, sur Ben Ali, sur sa situation de ministre vingt-quatre heures sur vingt-quatre mais pas pendant les vacances, sur ses vieux parents, trop vieux pour être critiqués mais quand même pas assez vieux pour ne pas faire des affaires en prévision de leurs encore plus vieux jours ou de ceux de Michèle Alliot-Marie (dite MAM, Moissonner Avant Mourir).

Mais ça ne peut pas durer éternellement. Imaginez que le ministre de l'Agriculture ne puisse plus jamais aller au Salon de l'Agriculture, que le ministre des Armées ne puisse plus jamais entrer dans une caserne, que le ministre du String et de la Petite Culotte ne puisse plus jamais se rendre au Salon de la Lingerie fine… « Non, désolé, vous envoyez le ministre des Lèchefrites, le secrétaire d'État aux Poêles à frire, qui vous voulez, mais pas le ministre du String et de la Petite Culotte, il y a encore trop de rancœurs, trop d'hostilités chez les dentelles et chez les élastiques. »

C'est intenable comme situation. Il faut trouver une solution.

Surtout que ce serait bien de se débarrasser en même temps de son compagnon Patrick Ollier (dit POL, Pénible Olibrius Limite). C'était un lot, comme des inséparables. L'un n'allait pas sans l'autre. C'est dommage, on essaie de mettre un peu de fun dans la vie politique, un peu de sexe dans le Conseil des ministres avec MAM et POL (dits Mamours et Politique), et puis tout tombe à l'eau. C'est décourageant.

L'un des grands axes de la politique de Nicolas Sarkozy, quand il s'est fait élire, c'était la gratification du succès. Il fallait récompenser, mettre en valeur ceux qui pouvaient se prévaloir d'une réussite personnelle. Après la gestion calamiteuse de la crise tunisienne par Michèle Alliot-Marie (dite MAM, Minable Administration Ministérielle), après les propos hallucinants de bienveillance, presque d'adoration, vis-à-vis de Kadhafi vu comme un lecteur de Montesquieu, un démocrate et un bâtisseur par le président du groupe d'amitié France-Libye, Patrick Ollier (dit POL, Prévision Ouvertement Loupée), Nicolas Sarkozy pourrait mettre en pratique ses projets. La prime au mérite doit bien impliquer une sanction à l'échec. Non ?

Le Bardot des mots

4 mars 2011

Comme l'oryx de Libye, l'ours blanc, l'hippopotame ou la gazelle du désert, les mots sont une espèce en voie d'extinction… Petit à petit, sans qu'on y prenne garde, des mots meurent dans l'indifférence générale. On devrait se recueillir sur la tombe du mot inconnu tombé au champ d'honneur de nos conversations frivoles. On devrait rendre hommage aux mots qui n'ont pas démérité mais qui disparaissent un jour, parce qu'ils ne servent plus à rien ni à personne.

Les mots sont une catégorie en voie d'exclusion. C'est la crise, on n'y peut rien. Les mots sont au chômage quand on ne les emploie plus et finissent par mourir sur le trottoir de nos indifférences. Sur des cartons pathétiques, on peut lire des appels au secours… « Cénobiarque oublié », « calomniographe inemployé », « grimauderie sans ressources ».

C'est triste, je sais bien, mais que voulez-vous, on est tellement sollicité… On ne les regarde même plus, ces mots à l'agonie. Le ciel plus jamais ne sera nubileux…

Et puis ça pousse derrière ! Des mots tout nouveaux

tout beaux qui ne demandent qu'à vivre et que l'on pomponne et que l'on bichonne, qu'on emploie à toutes les sauces, sous toutes les coutures, à tire-larigot et à qui mieux mieux ! Les jet-setteurs et les chatteurs, la bien-pensance et le flashball, la sandwicherie, le destressage, les slameurs et le relookage… On trouve aujourd'hui des adulescents, amateurs de cheese-cakes qui décohabitent dans leurs écoquartiers en blacklistant des clubbers qui font le buzz.

Sans compter tous ces mots qui ne servent à peu près à rien sauf à réjouir ma mère et ses amies qui chaque semaine fréquentent le club scrabble à l'Albatros de Saint-Georges-des-Groseillers et consignent dans des carnets secrets en vue de leur prochain tournoi : aïd, dop, dub, faq, gex, gur, kéa, oba, phô, qin, yet et le merveilleux zek, z.e.k., qui bien placé peut vous rapporter un joli pactole de points.

Les mots sont une drôle de ménagerie. Ils se renouvellent et s'ébrouent, ils se cachent ou s'exposent. Ils s'accouplent quelquefois dans ces zoos ouverts que sont les dictionnaires, invitations à l'aventure, au rêve, à la connaissance, à l'imaginaire, aux sensations et aux idées.

Alain Rey est-il le gardien de ce zoo de mots, le Brigitte Bardot dégarni mais non sectaire d'une fondation protectrice ? Est-il une sorte de collectionneur fou à tête d'Einstein ?

Peut-être tout cela à la fois… Ou juste un passeur d'enthousiasme et de culture.

Ou simplement un amoureux des mots, donc de l'humanité et qui fait partie de cette catégorie qui a la passion partageuse. Une autre espèce en voie d'extinction. Comme le bison d'Amérique, l'aigle royal et le macaque japonais.

71

Le calvaire du député de droite
11 mars 2011

Encore un jour où le député de base repart dans sa campagne. Après avoir assuré toute la semaine à Paris, dans les couloirs de l'Assemblée que le meilleur candidat pour la droite, c'était Nicolas Sarkozy, après avoir confirmé sa fidélité, sa loyauté vis-à-vis du président de la République, le député UMP s'en retourne, la queue basse, dans sa petite ville provinciale où samedi matin sur le marché, samedi après-midi à la maison de retraite, samedi soir à la salle des fêtes à l'occasion de la soirée choucroute, dimanche matin avenue du Général-de-Gaulle pour le départ du critérium, dimanche midi au repas des anciens d'Algérie, dimanche après-midi dans le stade de foot, on ne va pas arrêter de lui dire : « Dites, monsieur le député, l'année prochaine, on n'en veut plus, de votre Sarkozy ! Faut nous mettre quelqu'un d'autre à la place ! Parce que sinon, soit on vote Marine, soit on vote Martine ! »

Et le député UMP écoutera ses administrés avec compréhension, partageant les déceptions des uns, rejoignant les amertumes des autres, tout en sachant que, dès lundi matin, la tête enfarinée, il se verra contraint de tresser des louanges en stuc sur la tête de ce champion à la manque qui de jour en jour s'enterre un peu plus profondément dans une impopularité insurmontable, entraînant tout son parti, toute sa majorité avec lui.

Député UMP, réagis, nom de Dieu. Relève-toi. Refuse la fatalité de l'échec. Va, cours, vole et nous venge. Résiste. Ne succombe pas au sentimentalisme mou ! Ne te vautre pas dans l'affectivité morbide ! Bats-toi ! Tu peux encore gagner ! Tu peux vaincre encore ! Crois-tu que ton candidat plombé, qu'aujourd'hui tu as scrupule à fuir, s'encombrait de sensibilité compassionnelle du temps de sa grandeur, quand il incarnait l'espoir et le renouveau, quand il prêchait la rupture, insultant les caciques, humiliant Chirac, brûlant le passé, hypothéquant l'avenir afin de faire entrer la société française dans une nouvelle période, plus moderne, plus énergique, plus excitante. S'il a tout raté, toi tu es parvenu à faire construire la nouvelle piscine olympique avec un grand bassin de cinquante mètres de longueur, à rénover le quartier des Oiseaux, à agrandir le marché municipal. Son naufrage n'est pas le tien. Ta réussite n'est pas la sienne.

Laisse-le tomber comme une vieille chaussette rouge Gammarelli d'Édouard Balladur ou de François Fillon, vas-y ! Ne te laisse pas entraîner sur la pente savonneuse de la défaite et du fiasco. « Ai-je intérêt à monter sur le *Titanic* ? » s'interrogeait Alain Juppé il y a quelques mois. Toi, tu peux encore sauter dans un canot de sauvetage. Dépêche-toi ! Tu sais qu'il n'y aura pas de places pour tout le monde. C'est le moment ou jamais de procéder à l'évacuation. On s'approche des icebergs et de la catastrophe. Même l'orchestre a fini de jouer. Au micro, même le chanteur Frédéric

Lefebvre n'ose plus donner de la voix. C'est la déban-dade, c'est la Berezina !

Décampe ! Déloge ! Fais feu des deux fuseaux ! Barre-toi !

Puisque tu veux un candidat libéral, à la fois favo-rable au relèvement de l'âge de la retraite, qui ne rechigne pas à remettre en cause les acquis sociaux tout en réclamant une meilleure protection sociale, un candidat raisonnable qui se satisfait au mieux de notre société libérale, choisis Dominique Strauss-Kahn.

Allez, ne me remercie pas. Garde le moral. Rien n'est perdu. Tu vois, la droite peut encore gagner.

72

Brassens, dernières révélations

18 mars 2011

Il a fallu attendre trente ans pour que les langues enfin se délient et nous apprennent sur Georges Brassens des révélations qui permettent de mieux comprendre celui qui sans doute nous laisse une œuvre poétique et musicale considérable mais qui jusqu'alors avait rarement eu l'occasion de faire les gros titres de la presse à scandales.

Ainsi, des documents récents découverts par Clémentine Déroudille nous ont appris que Georges Brassens était un amant particulièrement exigeant puisqu'il contraignait ses conquêtes, pendant l'extase, à ne lui adresser la parole qu'en alexandrins. Brassens consignait ensuite sur un petit carnet retrouvé impasse Florimont ces paroles intimes avec, entre parenthèses, le nom de ses maîtresses. À maintes reprises, et c'est un véritable coup de tonnerre dans le monde de la chanson, le nom de Line Renaud est consigné à la suite de vers particulièrement évocateurs…

Oh oui vas-y c'est bon, vas-y, c'est de la bombe
Ah ! si tu remets ça je suis bon pour la tombe

Sur une autre page du carnet, on découvrait l'admiration en même temps que le désarroi exprimé par Line devant les capacités sexuelles du chanteur disparu.

Comment déjà tu veux remettre le couvert
Avec toi mon amour c'est fromage et dessert
Arrête maintenant tu deviens une brute
Vivement que finisse ta période du rut

À cette occasion, nous découvrons le style de la demoiselle d'Armentières, et regrettons que, sans doute trop modeste, elle n'ait pas osé signer elle-même les paroles de ses chansons…

D'autres noms apparaissent, Annie Cordy par exemple…

J'voudrais bien mais j'peux point je suis indisposée
J'voudrais bien mais j'peux point tu peux te rhabiller

Tout de suite, nous reconnaissons le style direct et sans manières de la fantaisiste belge.

C'est évidemment extrêmement émouvant de retrouver à la fois des documents qui éclairent d'une façon inédite la chanson française et son plus prestigieux représentant.

Une courte liaison aurait existé entre Brigitte Bardot et l'auteur du Gorille, idylle basée essentiellement sur l'amour des animaux. L'égérie de Saint-Tropez se serait montrée assez incapable d'inventer des vers pendant l'acte sexuel, ce qui aurait fortement contrarié le chansonnier pointilleux. Les seuls vers de Brigitte inscrits sur le carnet sont les suivants :

Oh oui oh oui oh oui oh oui oh oui oh oui
Vas-y, vas-y, vas-y, vas-y, vas-y, vas-y

Ce distique élégiaque, il est vrai, peut sembler un peu faible.

Une autre série d'alexandrins va passionner les exégètes nombreux de Georges Brassens. Je cite :

Hourra ! Hourra ! Hourra ! Hourra !
Vaillant guerrier
Plusieurs fois dans la nuit ton clairon a sonné
Avant de retrouver ma virile patrouille
Je veux encore un coup profiter de...

Style martial, ton décidé, ces vers sont l'œuvre du général Marcel Bigeard et permettent de constater que les relations de Brassens avec les militaires étaient plus équivoques qu'il n'y paraît.

Pour être tout à fait sincère, je dois préciser que la plupart des informations révélées ce matin dans ma chronique devront faire l'objet de recoupements, de vérifications, d'expertises, d'études approfondies. Il n'est pas interdit de remettre en cause ces scoops erronés qui auront eu le mérite au moins de souffler dans les trompettes de la renommée afin d'évoquer le magnifique chanteur sétois né il y a quatre-vingt-dix ans, mort il y a trente ans, et de vous inviter tous à aller admirer la belle exposition, insolente et affectueuse, proposée par Clémentine Déroudille et Joann Sfar à la Cité de la Musique à Paris. Faisant la nique aux censeurs imbéciles qui sur des affiches avaient effacé la cigarette d'André Malraux et la pipe de Jacques Tati, Joann Sfar s'est amusé justement à ajouter une pipe incandescente dans la bouche de Brassens sur la photo de l'affiche de l'exposition. Une pipe impertinente, effrontée qui, l'air de rien, dit « Merde aux cons », « Merde aux censeurs ».

Brassens ou la liberté de fumer sa pipe.

« Vous êtes libre, dit un flic à Arletty dans *Les Enfants du paradis*.

— Tant mieux, répond Garance, parce que moi, j'adore ça, la liberté ! »

73

Spécialistes *vs* rigolos

25 mars 2011

Les antinucléaires sont des gens pénibles. Pendant des années, ils disent : « Attention, le nucléaire, c'est dangereux, c'est immaîtrisable, c'est incontrôlable. Le nucléaire, c'est la promesse de catastrophes à venir. »

Les pronucléaires qui sont des progressistes, des novateurs, des raisonnables, mieux : des spécialistes, traitent justement les antinucléaires de passéistes, de dogmatiques, d'abrutis. Pire : de rigolos.

Un jour survient une catastrophe nucléaire. On s'aperçoit que le nucléaire, c'est dangereux, c'est immaîtrisable, c'est incontrôlable…

Les antinucléaires éternuent.

Les pronucléaires, avec l'esprit de responsabilité qui les caractérise leur disent avec dignité : « Je vous en prie, ce n'est sûrement pas le moment de polémiquer. »

Donc, la question du nucléaire ne doit pas être évoquée quand il n'y a pas de problèmes puisque vous voyez bien que tout est calme, tout fonctionne, tout marche comme sur des roulettes. Elle ne doit pas non plus être évoquée quand il y a des problèmes parce que franchement... je vous demanderai un peu de décence, ce n'est vraiment pas le moment...

Les droits-de-l'hommistes sont des gens pénibles. Pendant des années, ils disent : « Attention, le régime du dictateur est autoritaire, sanguinaire, illégitime. »

Les représentants de la communauté internationale qui sont des gens intelligents, réalistes, pragmatiques, traitent légitimement les droits-de-l'hommistes de rêveurs, d'utopistes, d'imbéciles.

Un jour survient une révolution. Il apparaît que le régime du dictateur était autoritaire, sanguinaire, illégitime.

Les droits-de-l'hommistes s'enrhument.

Les représentants de la communauté internationale, avec l'esprit de clairvoyance qui les anime, disent avec pondération : « Je vous en prie, ce n'est certainement pas le moment de controverser. »

Donc, la question des régimes autoritaires ne doit pas être évoquée quand les dictateurs sont au pouvoir puisqu'il faut bien vendre ses armes, ses avions, ses missiles, ses centrales nucléaires.

Elle peut être favorablement évoquée quand les dictateurs sont en difficulté puisque, de toute façon, on ne pourra plus leur vendre d'armes, d'avions, de missiles, de centrales nucléaires.

Les antinucléaires sont souvent des droits-de-l'hommistes. Des passéistes, des dogmatiques, des abrutis, des utopistes, des imbéciles, des excités, des doctrinaires, des mous du genou, des exaltés, des fanatiques, des sectaires, des ahuris, des arriérés, des attardés. Des rigolos.

Enfin, de ceux qui, heureusement, n'obtiennent jamais le pouvoir qu'on laisse toujours aux représentants de la communauté internationale qui sont toujours des pronucléaires. Des progressistes, des novateurs, des

raisonnables, des méthodiques, des réalistes, des pragmatiques, des courageux, des sages, des expérimentés,
des cartésiens, des rationnels, des responsables, des
chevronnés, des aguerris. Des spécialistes.

Pour une fois, si on essayait le contraire ? Si on
retirait le pouvoir aux spécialistes pour le donner aux
rigolos ? Sincèrement, vous pensez que ce serait pire ?

Petite conne ou gros con ?

1er avril 2011

Le débat chez les humoristes bat son plein.

Si la polémique vous intéresse, vous aurez appris l'altercation radiophonique qui oppose notre consœur Sophia Aram et notre collègue d'Europe 1, Guy Carlier.

Je rappelle les questions de la semaine. « A-t-on le droit de traiter les électeurs du FN de gros cons ? La chroniqueuse qui traite l'électeur du FN de gros con est-elle une petite conne ? Celui qui traite de petite conne la chroniqueuse qui a traité les électeurs du FN de gros cons est-il lui-même un gros con ? Celui qui traiterait de gros con celui qui traita de petite conne la chroniqueuse qui a traité les électeurs du FN de gros cons est-il un sale con ? » Beaucoup de questions qui restent en suspens…

Si je comprends bien la polémique, ce dont je ne suis pas sûr, parce qu'on atteint des sommets dans la dialectique, dans l'art de la maïeutique, le débat oppose ceux qui pensent que les électeurs de Mme Le Pen sont des gros cons, qu'il faut dénoncer, car ce sont des gros cons de style xénophobe, rabougri, ranci, et ceux qui pensent que les électeurs de Mme Le Pen sont des pauvres cons, qu'il faut plaindre, car ce sont de pauvres cons de style victime, accablé, malheureux.

J'aimerais pouvoir mettre tout le monde d'accord. L'électorat du Front national est aujourd'hui, et on peut le regretter, suffisamment vaste pour englober des sensibilités différentes. Il existe des cons de toute sorte au sein du parti situé à la droite extrême de l'échiquier politique.

Mais il existe aussi des sales cons, des gros cons, des petits cons qui sont également représentés dans des partis plus respectables.

« Vous n'avez pas le monopole des cons », pourrait affirmer n'importe quel responsable politique à n'importe quel autre représentant de n'importe quel autre parti, et il aurait raison. Je connais personnellement plusieurs méchants cons votant UMP. Je connais un certain nombre d'adhérents du parti socialiste que je n'hésiterais pas à traiter de sales cons. Je pense qu'il ne serait pas non plus impropre de traiter de vieux cons certains individus qui choisissent le vote communiste et il existe, j'en ai la certitude, un certain nombre d'électeurs écologistes qui sont, il faut bien l'avouer, quand même un petit peu cons sur les bords. Monsieur Mélenchon, ne vous réjouissez pas trop vite si je n'ai pas cité votre parti, des bas du Front de gauche ne sont pas rares.

Suis-je moi-même un gros con, un sale con, un petit con, voire une vraie tête de con, c'est possible, et je ne répondrai pas non plus à cette question car, ainsi que le disait justement Roland Topor : « Il est plus facile de voir la paille que l'on a dans l'œil que la poutre que l'on a dans le cul. »

La connerie du FN n'a pas à se mesurer à l'aune de sa population votante mais plutôt au regard de ses idées qui sont de véritables grosses connes. Les thèses qui consistent à stigmatiser les plus pauvres, à fermer les frontières, à se renfermer sur soi-même, à proposer des solutions économiques ineptes, inapplicables sont, oui, des vraies grosses connes d'idées. Car les plus cons au FN, ce sont ses jugements sur le monde, les vrais cons au FN, ce sont ses sentiments étriqués sur la vie. Les plus connes au FN, ce sont ses positions qui rendraient encore plus difficile la vie de ceux qui pensent trouver en lui une solution à leur misère. Gros cons, sales cons, pauvres cons, ses avis sur les femmes, sur les jeunes, sur les autres.

Ne pas se situer sur le terrain des idées en préférant insulter ou victimiser l'électorat du FN, franchement Sophia, Guy, ce ne serait pas un peu jouer aux cons ?

75

Quel avenir pour le président ?

7 avril 2011

Si, par exemple, on était amené à se séparer de Nicolas Sarkozy l'année prochaine. C'est une hypothèse. Je ne dis pas que c'est un vœu de ma part. Je ne dis pas que ce serait une bénédiction, un bienfait, une chance, une aubaine, une joie, une veine, une bonne fortune, un espoir, un désir, non… Je dis juste que c'est une supposition. Un postulat qu'il faut quand même sérieusement envisager.

Si, en 2012, on était conduit à devoir dire adieu au président actuel, il faudrait d'abord surmonter sa peine, ça oui, bien sûr, pour peu qu'on soit un peu sensible, un peu émotif, ensuite il faudrait trouver le moyen de le recaser quelque part. Il est jeune encore. Qu'est-ce qu'on va pouvoir en faire ? Normalement, si les deux autres tiennent le coup, ça nous ferait trois anciens présidents de la République sur les bras…

Je ne voudrais pas donner l'impression de tenir un discours aux relents poujadistes mais, pour le contribuable, ça commencera à faire des frais… Il faut les nourrir, les habiller, les protéger… Si ça continue, un jour, avec les suppressions de postes à l'Éducation nationale, le budget retraite consacré aux présidents de la République sera plus important que celui consacré aux professeurs. Et puis, je trouve que si le nombre des anciens présidents de la République devait se multiplier, ce serait dommage pour le prestige même de la fonction présidentielle. Au premier qui mourra, on fera des funérailles nationales, on sortira le grand jeu, on louera des calèches, on mettra les drapeaux en berne, on ressuscitera Zitrone mais, au bout d'un moment, s'il en meurt trop, on ne convoquera plus personne, on le signalera à peine dans la page Carnet des quotidiens, on dira juste : « Tiens, encore un qu'est mort... »

Donc, je suggère que, si l'actuel président pouvait se débrouiller pour subvenir à ses moyens, ce serait bien. Il est toujours dans la force de l'âge.

Il a souvent dit qu'après son expérience à la tête de l'État, il pourrait se lancer dans les affaires, pour faire de l'argent. Mais si le président quitte sa place de chef de la France sur un échec, ça sera moins facile pour lui d'être crédible sur le marché du travail.

Excusez-moi, je réfléchis à voix haute...

Qu'est-ce qu'on va en faire ? Bien sûr, il y aurait la possibilité de le faire élire à l'Académie française. Il y a en ce moment beaucoup de places disponibles. Et puis ils cherchent des jeunes, sinon, c'est pareil, ils meurent trop vite. À peine le temps de leur trouver une épée, un bicorne, un habit vert qu'ils disparaissent. Les couturières sont contentes, ça leur fait du travail, mais c'est un petit peu beaucoup de frais pour rien. Alors, je vous vois venir, vous allez me dire de votre petit ton goguenard et railleur : « Vu la syntaxe de Sarkozy, je ne le vois pas tellement à l'Académie française... »

Oui... Je prendrai d'abord un silence éloquent (...) et puis je vous répondrai que si vous voulez vous déplacer à neuf heures moins cinq du matin rue du

Général-Mangin pour venir faire la chronique à ma place, il ne faut surtout pas vous gêner...

Qu'est-ce qu'on va en faire ? Lui donner un poste de directeur de chaîne de télévision, de journal, oui, c'est sûrement le domaine dans lequel il serait le plus compétent. Et puis, son expérience de président l'a déjà beaucoup formé pour diriger un certain nombre de journalistes... Il pourrait présenter une émission à la télévision. Un jeu. Il est vif, nerveux comme Nagui. Il pourrait présenter une émission sur la chanson française, on dit qu'il est spécialiste, pour pallier l'absence depuis plusieurs années de Pascal Sevran...

Toutes les idées sont bonnes. Dans un an, le président Sarkozy risque de se retrouver sur le marché du travail. Encore une fois, je ne dis pas que ce serait une félicité, une espérance, un bienfait, non... Je dis juste que c'est une possibilité qu'il nous faut tous envisager avec la plus grande sérénité possible.

76

Politiquement correct

22 avril 2011

Je sais que ce n'est pas très politiquement correct de le dire, mais pour pallier le problème du chômage, il suffirait d'interdire aux femmes de travailler à l'extérieur et de les obliger à rester à la maison afin de s'occuper à la fois de leurs enfants, qui, ainsi, ne traîneraient pas dans la rue, et de leurs maris, qui, par là même, recouvreraient une virilité triomphante mise à mal par des années de féminisme agressif dont il faut aujourd'hui se débarrasser. Le funeste esprit soixante-huitard aura si bien réussi à corrompre les consciences ramollies et aliénées que la néfaste égalité entre les sexes est désormais, hélas, admise par une majorité moutonnière.

Là encore, on me reprochera de ne pas être politiquement correct mais si l'on refusait l'entrée des ménagères dans les grandes écoles, les universités, les facultés, on obtiendrait de sérieuses économies en matière d'éducation et l'on encouragerait les femmes à rester à leurs places, je veux dire devant l'évier, la table de repassage ou le lave-linge.

Bonjour, vous êtes bien sur France Inter, et non pas

sur RTL. Ce n'est donc pas Éric Zemmour mais bien François Morel qui vous lit sa chronique matinale.

Je sais bien que ce n'est pas très politiquement correct de le dire mais le Front national est devenu beaucoup plus affriolant depuis qu'il a une perruque blonde. La peine de mort qui a montré ses vertus pendant des siècles est porteuse d'avenir et n'oublions pas de crier tous ensemble « Vive la liberté d'expression », et pour les victimes et pour les bourreaux, et pour les Juifs et pour les nazis, et pour ceux qui portent la mémoire de ceux qui sont morts dans les camps d'extermination et ceux qui ont quand même bien le droit de penser que la Shoah est une vaste rigolade que l'on a quand même bien le droit de moquer, d'insulter, de nier.

Bonjour, vous êtes bien sur France Inter, et non pas sur RTL ni sur i-Télé. Ce n'est donc pas Robert Ménard mais bien François Morel qui, comme chaque vendredi, vous livre son papier hebdomadaire.

Je sais bien qu'en disant ce qui va suivre, je vais me faire attaquer par tous les démocrates avachis et tellement consensuels pour qui les droits de l'homme constituent le seul credo, mais tant pis si je ne suis pas politiquement correct en disant cela mais Hitler était un type dont on pourrait avantageusement s'inspirer. Sans doute, et je le reconnais, Adolf Hitler avait-il un petit côté soupe au lait qui le conduisait à parfois envoyer par millions des Juifs dans les camps de la mort. Et je suis d'accord avec vous, ça dénote un caractère un peu grognon, un peu renfrogné. Vous constaterez que je ne suis pas dogmatique, je ne suis pas systématiquement doctrinaire puisque je peux reconnaître certaines anomalies dans la pensée nazie et son plus emblématique représentant.

À côté de ça, je sais, encore une fois, que ce n'est pas très politiquement correct de le dire mais l'ancien chancelier allemand avait réussi à supprimer le chômage. Européen convaincu, il avait encouragé le tourisme en déplaçant des populations qui, les malheureuses, seraient restées chez elles sans jamais connaître les charmes de la campagne haute-silésienne. Par ailleurs, l'officier allemand était extrêmement courtois, ses bottes toujours impeccablement cirées, il était toujours tiré à quatre épingles et je me permets de faire remarquer que dans les années quarante, à Berlin, on ne trouvait pas un seul papier gras par terre.

Bonjour, vous êtes bien sur France Inter, et non pas sur Radio-Paris. Ce n'est donc pas Robert de Beauplan mais François Morel qui se demande si l'atmosphère ne serait pas en train de s'alourdir, si la recherche du buzz ne ferait pas aujourd'hui office de ligne de conduite, si l'expression « politiquement correct » née naguère pour dénoncer les conformismes et brûler les langues de bois, pour rafraîchir une parole ankylosée par tous les conservatismes, n'aurait pas tendance à devenir l'expression la plus lamentable du café du commerce.

77

Mariage princier[1]

Le 29 avril 2011

C'est d'un événement considérable que nous parlons aujourd'hui. Un événement extraordinaire auquel je consacrerai l'entièreté de ma chronique de ce matin. L'événement aura de nombreux prolongements dans l'avenir et naturellement va influer de manière radicale sur la vie même de ceux qui au premier chef sont concernés par ce remarquable fait, je veux dire les futurs époux.

Oui, car il s'agit d'un mariage. Et un mariage, à part les mariés, ça intéresse qui exactement ? La famille évidemment ! Les pères et mères, frères et sœurs, oncles et tantes, petits-cousins, vieilles arrière-cousines, beaux-frères, belles-sœurs, parrains, marraines et les grands-parents qui, tous, vont se sentir obligés de se mettre sur leur trente et un, sortir leurs apparats, revêtir leurs plus beaux atours, acheter qui une robe à ramages, qui des hauts talons, qui un costume neuf, qui un chapeau au destin pathétique, admiré un jour puis prenant la

---

1. Le 29 avril 2011, on célébrait en Angleterre le mariage du prince William et de Kate Middelton.

poussière au-dessus d'une armoire tout le restant de son existence. Tous vont se sentir contraints de se mettre en frais afin d'offrir un cadeau aux futurs époux qui, je le rappelle, vont passer devant monsieur le maire et devant monsieur le curé, afin que soit reconnue par la société civile ainsi que par l'Église cette union entre un homme et une femme, cette fusion légitimée qui, dans quelques heures, va de manière parfaitement officielle et solennelle instituer une communauté de vie dont le but traditionnel sera d'élever des enfants qui naîtront vraisemblablement de cette merveilleuse alliance qui désormais va être célébrée dans à peine une vingtaine d'heures maintenant puisque le mariage aura lieu demain dans la petite commune d'Isigny-le-Mareuil.

En effet, Élise et Guillaume avaient bien pensé se marier le même jour que Catherine Middleton et le prince héritier d'Angleterre, mais le père de Guillaume qui travaille à Cergy-Pontoise chez Saniconfort, une petite entreprise d'installation de sanitaires, a dit : « Peut-être que le prince Charles a des RTT à récupérer mais pas moi. » D'autre part, la famille de la mariée habite essentiellement dans les Deux-Sèvres et la Charente-Maritime, et franchement ça n'aurait arrangé personne de monter dans le Val-d'Oise dès le vendredi matin.

Élise et Guillaume ont respectivement vingt-six et vingt-neuf ans, ils se sont connus il y a presque huit ans déjà sur les bancs de la faculté où ils suivaient l'un des études de géographie, l'autre des études de lettres classiques. Ils sont tous les deux détenteurs de diplômes qui leur auront permis d'enchaîner depuis leur entrée dans ce qu'ils pensaient être la vie active des CDD, des petits boulots, entrecoupés par de longues périodes de chômage, de vacuité, de désœuvrement, de visites à Pôle emploi et de désespoir.

Élise, qui s'était spécialisée en histoire de l'art et archéologie, a pleuré le soir où elle s'est fait embaucher comme caissière dans un supermarché et a pleuré encore deux mois plus tard quand elle s'est fait licencier de sa place de caissière dans ce même supermarché. De temps en temps, Guillaume donne un coup de main dans l'entreprise où travaille son père. Souvent M. Bardet, qui a de l'humour et des années de service au sein de l'entreprise Saniconfort, lui dit : « Tiens, Guigui, toi qui as un master de sciences des territoires et de pratique du développement, va donc me chercher une pince à emboîture. »

Élise et Guillaume n'auront pas beaucoup de temps aujourd'hui pour regarder le mariage princier. Derniers préparatifs, visites chez le coiffeur, chez le traiteur. À 17 heures, Élise a rendez-vous chez son gynécologue. Elle attend pour juillet un heureux événement.

Élise, Guillaume, on pense à vous. Demain à Isigny-le-Mareuil, vous serez le prince et la princesse du jour et on vous souhaite beaucoup de bonheur.

78

C'est fou

6 mai 2011

Il fut un temps où, pour comprendre la politique d'un gouvernement, il fallait avoir lu Marx, Machiavel, Rousseau, Sartre, Aron, Tocqueville, Hegel, Nietzsche, Thomas Legrand ou même saint Thomas d'Aquin. Aujourd'hui, c'est plus simple : pour comprendre la politique du gouvernement actuel, il suffit de lire la page des faits divers du *Petit Vexin libéré* ou du *Publicateur bas-alpin* qui sera relayée par *Le Parisien* puis par le journal de TF1.

Dans la petite commune de Saint-Jean-sur-Verneuil, M. Van der Smissen, qui était juché sur un escabeau en aluminium afin de faire les carreaux de son arrière-cuisine avec de l'Ajax vitres, est tombé à la renverse, puis s'est relevé avant de malencontreusement glisser sur une peau de banane. Les jours de M. Van der Smissen, heureusement, ne sont pas en danger, mais le gouvernement a décidé de légiférer sur l'utilisation des escabeaux en aluminium tandis que le secrétaire d'État chargé des Fruits et Légumes a promis une réglementation concernant la consommation des bananes dans les arrière-cuisines. Si Ajax vitres n'a pas été inquiété au cours de cette douloureuse affaire, c'est que le gouvernement n'a pas souhaité se confronter à l'un des plus grands groupes financiers mondiaux.

Lorsqu'un homme à Grenoble a été tué par un malade mental, drame atroce, horrible, sur lequel personne n'a envie d'ironiser, le président de la République a décidé de créer une loi nouvelle. « Tous les malades mentaux sont potentiellement dangereux et criminels », a déclaré le président, sans se soucier de la vérité qui n'est jamais un bon argument électoral. Car les criminels potentiellement dangereux ne sont pas tous des malades mentaux. Sous prétexte de rassurer le citoyen, électeur potentiel, faut-il créer une loi pour se prémunir contre les sains d'esprit qui, eux aussi, parfois frappent, tuent, assassinent ?

Après s'être attaqué de façon si victorieuse au jeune de banlieue désormais karchérisée dans une France propre et apaisée, le président a décidé de s'attaquer aux fous. Mais de façon originale : en abordant la question de la folie de façon sécuritaire. Le psychiatre, l'infirmier psychiatrique auront le devoir de dénoncer à la police le malade s'il oubliait de prendre ses médicaments. Le malade, ainsi, considérera son soignant comme un ennemi objectif. S'il souffre de paranoïa, il aura effectivement des bonnes raisons de se sentir persécuté. On continue de diminuer les effectifs dans les hôpitaux, de supprimer des postes d'infirmiers psychiatriques et des lits dans les services psychiatriques, mais on promet un grand plan de santé mentale, annoncé au printemps 2009, reporté pour l'automne 2011, puis finalement évoqué dans le programme de l'UMP pour la prochaine présidentielle.

Le 10 mai prochain, le Sénat examinera un texte qu'il serait fou de ne pas surveiller de près.

« Tout pouvoir sans contrôle rend fou », a écrit Alain.

Et puisque, aujourd'hui, je cite les philosophes, et que j'ai totalement renoncé à provoquer le moindre fou rire chez qui que ce soit, je signale que l'association « Tu connais la nouvelle », qui organise des ateliers d'écriture, des rencontres avec des écrivains, qui travaille auprès des apprentis, des collégiens, des lycéens, des prisonniers et des personnes éloignées du monde littéraire, connaît des difficultés financières du fait de la diminution programmée de ses subventions par la région Centre dirigée par des socialistes.

C'est fou, non ?

Bravo le veau

13 mai 2011

Moins d'un an avant la présidentielle, ça cogite ferme chez les amis des candidats. D'abord, il faut trouver un slogan. Pour François Hollande, candidat normal et amaigri, je préconise : « Pour un changement de régime ».

Pour DSK, à mon avis, il est tout trouvé. Afin de moderniser le rêve mitterrandien, je propose un slogan que j'étais fier d'avoir inventé la semaine dernière mais qui hélas pour moi depuis a été trouvé par d'autres : « La Porsche tranquille ».

En 1974, le slogan victorieux était rimé « Giscard à la barre ». On pourra donc essayer pour l'an prochain « Hollande aux commandes », « En avant, Chevènement », « Hulot au boulot », « Mélenchon au balcon », « Dupont-Aignan au firmament », « Villepin au clavecin », et naturellement « Borloo au bistrot ».

Pour Christine Boutin, je suggère un plus familier « Boutinette aux manettes ».

Il n'est pas recommandé de choisir des slogans qui par le passé ont déjà échoué. François Mitterrand, en 1974, a eu le tort de reprendre le même que celui d'Alain Poher cinq ans plus tôt : « Un président pour tous les Français ».

Il faut être simple, mais pas simpliste. En 1981, Giscard, qui daignait s'abaisser afin d'être compris de tous, avait inventé : « Il faut un président à la France. » Ah d'accord ! C'est pour ça qu'il y a des élections alors ? Exactement. Ah d'accord ! C'est pour ça qu'un dimanche de mai, on va mettre un bulletin dans l'urne ? Voilà ! Ah d'accord ! « Il faut un président à la France. » Merci du renseignement, on n'y aurait pas pensé tout seuls...

L'élection présidentielle est une affaire sérieuse, c'est pourquoi le jeu de mots est à bannir. En 2007, les écologistes avaient essayé « Ah si j'osais Bové ! ». On leur déconseillera donc en 2012 de tenter « Eh, va pour une vie Joly » ou « Pour une vie moins conne, Bendit ».

Vous remarquerez que je n'ai pas fait allusion à Nicolas Sarkozy. J'avoue, je sèche un peu. Les slogans de la dernière campagne ne peuvent pas être réutilisés. « Ensemble, tout est possible », « Travailler plus pour gagner plus ». Faut-il suggérer « Ensemble tout est encore possible » ? « Travailler encore plus pour gagner encore plus » ? Ce qui pourrait encourager Jean-François Copé en 2017 à proposer : « Ensemble tout est encore et toujours possible », ainsi que : « Travailler encore, encore plus pour s'en mettre plein les fouilles. » Si Laurent Wauquiez est directeur de campagne, il pourrait proposer : « Faire payer les pauvres », ou : « Les riches, enrichissez-vous ! Les pauvres, appauvrissez-vous ! », ou encore : « Nos profits valent plus que leurs vies. »

Peut-être les hommes politiques devraient-ils regarder les slogans commerciaux qui fleurissent sur les camions qui roulent sur les routes de France. Il y en

a un, par exemple, très marquant et que j'aime beaucoup, c'est : « Bravo le veau. » « Bravo le veau », c'est
inattendu, c'est clair, c'est une sorte de pureté dans la
formulation. « Bravo le veau. » Le premier surpris par
ce slogan, c'est sûrement le veau lui-même… J'espère
que ça va lui faire plaisir. Parce que, même si le veau
n'a pas la réputation d'avoir un ego particulièrement
développé, il se dit sûrement au fond de lui-même
que le tigre, le cheval, l'éléphant se font régulièrement applaudir dans les cirques, alors que lui, moins.
Parfois, le veau pleure en silence. Il a le cœur gros.
Il constate avec tristesse que rarement le promeneur
s'arrête au bord d'un chemin, devant son enclos pour
lui faire la ola. Le veau, qui n'est pourtant pas spécialement susceptible ou paranoïaque, se demande si
le publicitaire qui a trouvé « Bravo le veau » n'a pas
des intentions moqueuses, ironiques, et ne serait pas
en train de se payer sa tête de veau.

Un autre slogan, très bien aussi, dit : « Le porc, on
en veut encore et encore. » Des deux formules, je ne
sais pas laquelle je préfère.

Bon, il ne faut pas s'énerver. On a encore un an
pour faire son choix entre un pied de porc et une
tête de veau.

80

Les petits oiseaux
20 mai 2011

« La mouette pygmée est la plus petite des mouettes. On la distingue de la mouette rieuse par ses ailes arrondies aux extrémités noirâtres. Son vol rappelle celui de la guifette, elle papillonne souplement au ras de l'eau picorant habilement à la surface. Parfois, tout en volant, elle paraît marcher sur l'eau. »

Je ne suis pas un vrai professionnel de la rigolade. Si j'en étais un, je devrais me réjouir de ce qu'offre l'actualité. Le directeur du FMI menotté, humilié, accusé de viol, ça devrait être pain bénit pour un chroniqueur à vocation rigolarde. Je n'arrive pas à rire. Alors, citant le merveilleux ouvrage intitulé *Les Oiseaux de mer* de MM. Philippe Moteau et Philippe Garguil, et paru aux Éditions Jean-Paul Gisserot, j'aime mieux ce matin vous parler des petits oiseaux.

« Qu'il semble fragile, ce fin limicole appelé phalarope à bec large flottant comme un bouchon au bord de la lagune en cette belle journée de septembre. Fait rare chez les oiseaux, c'est le mâle qui couve et s'occupe des jeunes jusqu'à leur indépendance. »

Jusqu'à la nausée, jusqu'à l'écœurement, jusqu'à

saturation, on a vu en boucle sur toutes les télévisions du monde le visage d'un homme à terre. Jusqu'à la nausée, jusqu'à l'écœurement, jusqu'à saturation, on a entendu les commentaires de tous ceux qui ne savaient rien mais que l'ignorance n'empêche jamais de parler, pour mettre en doute la parole de l'un, la parole de l'autre, pour accuser ou pour défendre, pour cracher leur venin, exprimer une revanche médiocre. Non, décidément, je préfère parler des petits oiseaux.

« La sterne naine pèse cinquante grammes. Un vrai poids plume. Outre sa taille, c'est au bec jaune à pointe noire et au front blanc précédant la calotte noire qu'elle se distingue des autres sternes. En mai, le mâle, après maintes acrobaties aériennes, offre un poisson à sa compagne. »

En long et en large, la description d'actes sexuels criminels. À deux reprises l'introduction d'un sexe dans la bouche de la victime. Tentative de viol au premier degré. Abus sexuel au premier degré. Séquestration illégale au second degré. Abus sexuel au troisième degré. On ne sait à quoi correspondent les différents degrés, on se doute que c'est grave. Attouchement forcé. La victime attrapée par la poitrine. Les collants enlevés de force. Comment ne pas préférer parler des petits oiseaux ?

« Sur la grève encombrée de rochers, de galets et de varech, le pipit maritime sautille au ras des vagues. Nerveusement, il fouille le goémon à la recherche d'insectes qu'il capture promptement. Après la période de nidification, les pipits maritimes se dispersent le long des côtes. »

La tête de celui qui prend l'air grave mais se réjouit de la chute d'un concurrent. La tête de ceux qui parlent à tort, à travers, pour dire tout, n'importe quoi, pour

263

exister, ressortir du formol des histoires anciennes, la tête des brebis qui crient avec les loups.

« La mouette rieuse niche surtout dans les zones marécageuses, elle suit les tracteurs, attrapant les larves déterrées par le soc des charrues tandis que le goéland railleur se nourrit essentiellement de poissons vivants. »

Stéphane Guillon s'est fait remercier l'an passé à cause notamment d'une chronique drôlissime sur DSK. Envisage-t-on sa réintégration ? Pardon, mais ce matin la mouette était rieuse, le goéland railleur et le chroniqueur légèrement mélancolique.

81

Chronique enfantine

27 mai 2011

Ce matin, Gros-Nounours s'est levé de bonne
humeur. Il a pris un bon petit déjeuner. Il aime bien
le bon miel, Gros-Nounours ! Puis, il est allé dans la
salle de bains. Il s'est brossé les dents. Il s'est net-
toyé les oreilles. C'est bien, Gros-Nounours, et surtout
n'oublie pas de te laver partout ! Puis Gros-Nounours
est sorti de la salle de bains, tout nu, il a vu une
pauvre panthère, toute noire, et il a sauté dessus pour
la manger. Tu es vilain, Gros-Nounours ! Il ne faut
pas manger la pauvre panthère !

J'ai un copain qui écrit pour la littérature jeunesse.
Comme il était un peu en manque d'inspiration, il
m'a demandé ce que je pensais de ce qu'il avait écrit.
Je ne savais pas trop quoi lui dire. Ce n'est pas ma
spécialité, moi, les livres pour enfants.

Grand-Loup est venu chercher Gros-Nounours pour
l'enfermer dans une prison. Gros-Nounours était triste
dans sa prison. Pauvre Gros-Nounours devenu tout sale
et tout hirsute, à cause d'une histoire de salle de bains !

« Je n'ai pas mangé la jolie panthère, s'est défendu Gros-Nounours. Je n'ai pas mangé la jolie panthère. Je suis innocent. » Maman Gros-Nounours est arrivée. Elle est courageuse, maman Gros-Nounours, et puis surtout elle aime beaucoup son Gros-Nounours et toujours elle le défend. Même quand Gros-Nounours fait de grosses bêtises.

Mon copain qui travaille pour la littérature jeunesse se prénomme Jean-Pierre. Je lui ai demandé : « Jean-Pierre, qu'est-ce que tu veux raconter exactement avec ton histoire de Gros-Nounours ? – Ben, entre nous, je sais pas trop, m'a avoué Jean-Pierre. Mais, je suppose, il a ajouté, que ça doit t'arriver aussi à toi, par moments, de commencer une chronique pour France-Inter et de ne pas trop savoir où tu vas. »
J'ai confirmé.

Gros-Nounours et surtout maman Gros-Nounours ont accumulé tout au long de leur vie beaucoup de glands, beaucoup de châtaignes et même beaucoup de pommes de pin. Alors Gros-Nounours et maman Gros-Nounours distribuent beaucoup de glands, beaucoup de châtaignes et même beaucoup de pommes de pin pour faire une enquête sur la pauvre panthère. Ce serait bien de trouver des poux sur la tête de la jolie panthère. Mais on a surtout trouvé du miel sur la tête de la pauvre panthère. Le bon miel de Gros-Nounours !

Ah oui d'accord. C'est bien. Pour faire un compliment, je lui ai dit : « Je ne sais pas où tu vas chercher tout ça… – Bah, qu'il m'a fait, moi, l'avantage par rapport à toi, c'est que, tu comprends, c'est très ouvert, je ne suis pas obligé de m'inspirer de l'actualité. Moi, c'est totalement une œuvre d'imagination. D'un sens, c'est plus facile parce que tu n'es pas obligé de lire les journaux. Mais, d'un autre sens, la lecture des journaux te permet, à toi, de renouveler ton inspiration. » Mon copain Jean-Pierre est un garçon qui pèse le pour mais aussi le contre. Ce qui fait que souvent il dit « d'un sens » avant de dire « d'un autre sens ». Par exemple, il avait un chien qui est mort la semaine dernière. Il a dit : « D'un sens, je suis triste, d'un autre sens, je serai plus obligé d'aller le promener… »

Gros-Nounours ne sera jamais le roi de la forêt. À cause d'une pauvre panthère toute noire qu'il a voulu manger.

« C'est comme ça que ça finit ? » j'ai demandé à Jean-Pierre. « Pour le moment, oui. D'un sens, je pourrais m'arrêter là, mais d'un autre sens, quand tu as une aussi bonne histoire, ce serait dommage de ne pas l'exploiter à fond… »

Tous les jours, retrouve dans ton magazine préféré l'histoire incroyable et interminable de Gros-Nounours, de maman Gros-Nounours, de la pauvre panthère et de tous ses amis de la forêt.

« Tout le monde le savait »
3 juin 2011

Je n'ai aucune preuve, ni aucun fait précis, mais cela doit-il m'empêcher de parler ? Non, sûrement pas. Un de mes collègues de France Inter, que je ne citerai pas, par décence et surtout par respect pour sa famille et ses producteurs, un de mes collègues de France Inter, disais-je, chroniqueur humoristique du matin, de sexe clairement masculin, se rend régulièrement à Ibiza afin de participer à des soirées fines auxquelles se joignent tout un tas de petits garçons et d'animaux dressés, notamment des labradors et des poneys. Ne prenez pas des airs effarouchés. Tout le monde ici est au courant et chacun voit très bien de qui je veux parler. Il se trouve que le jeune humoriste, que je ne citerai pas, par bienséance et surtout par respect pour ses labradors et ses poneys, bénéficie de longs week-ends puisque, dès le jeudi matin, il peut saisir un avion et se rendre sur l'île de ses turpitudes et de ses ignominies, il se trouve que ce jeune humoriste, disais-je, pas plus tard que la semaine dernière, s'est fait poisser par la police d'Ibiza qui s'est notamment étonnée que nombre d'animaux dressés, poneys et labradors justement, participant aux agapes dont notre jeune confrère est si familier, n'étaient pas à jour de leurs vaccinations. Notre jeune ami serait aujourd'hui en train de croupir dans les geôles espagnoles si n'étaient pas intervenus les différentes autorités diplomatiques, ambassadeurs et consuls, les directeurs de Radio France et de France Inter ainsi que Patrick Cohen, lui-même, dont, je le dis en passant, l'attitude dans cette affaire est sujette à bien des questionnements puisqu'il serait lui-même possesseur de très beaux labradors et de poneys particulièrement vigoureux.

Je dis ça, je ne dis rien. Je n'ai, je le répète, aucune preuve, aucun fait précis mais ce n'est sûrement pas ce déficit d'arguments qui m'empêchera de parler. Je trouve quand même, et excusez-moi de le dire, un tout petit peu hypocrite l'attitude, autour de cette table, de tous ceux qui savaient et qui ne disaient rien, et je trouve peut-être encore plus choquant le comportement qui consiste à ne rien dire sous prétexte qu'on ne sait rien. C'est trop facile. Alors s'il faut absolument savoir avant de parler, alors s'il faut absolument être renseigné avant de prendre la parole, nombre d'émissions de radio, de télévision seront supprimées d'un seul coup d'un seul !

Je crois qu'il est de mon devoir en tant qu'homme de pensée, de réflexion, de philosophie, de jeter ce pavé dans la mare dont je ne mesure pas encore tout à fait à ce moment précis toutes les conséquences de mes propos. J'espère ne pas avoir choqué qui que ce soit et si des auditeurs, labradors ou poneys ont été choqués par mes propos, je veux bien leur présenter mes excuses.

Alors on va me dire, c'est parce que vous êtes à la ramasse, parce que vous voulez exister médiatiquement que vous faites le malin en propageant des nouvelles qui n'en sont pas, en colportant des rumeurs de caniveaux.

S'il vous plaît, je voudrais finir par un dernier scoop. C'est une révélation que je n'ai pas peur de faire ce matin même en direct sur France Inter. Luc Ferry est un mondain creux et inconséquent. Tout le monde le savait. Personne ne disait rien.

Ferme ta gueule, Luc Ferry

10 juin 2011

Ferme ta gueule, Luc Ferry. Ferme ta gueule.

Excusez-moi d'être un peu direct ce matin. D'habitude, j'essaie de soigner mon style. Je fais des phrases. Sur France Inter, on a tout un tas de professeurs en retraite, d'anciennes institutrices, d'inspecteurs pointilleux qui sont sensibles au beau langage. Alors, souvent, je fais des efforts. Même quand je suis en colère, je ne pratique pas la mandale, l'uppercut, le bourre-pif, non, je soigne, je distille, j'emballe, j'enrobe. Je fais des circonlocutions mais ce matin, excusez-moi, je ne trouve rien de mieux à dire que…

Ferme ta gueule, Luc Ferry. Ferme ta gueule.

Arrête de te regarder dans le miroir de ta vanité. Arrête de t'enivrer au son de ta propre voix. Arrête. Tu te contemples, tu te jauges, tu t'admires et, devant ton portrait, tu es excité comme un directeur du FMI devant une femme de chambre guinéenne.

Ferme ta gueule, Luc Ferry, s'il te plaît, ferme ta gueule. Les classes surchargées. Le manque d'effectifs. Ce n'est pas à toi que je vais apprendre ça, philosophe de mes deux. Et je ne te parle pas du chômage, des plans sociaux, des gens sans avenir, sans lendemain, sans sourire.

Ferme ta gueule, Luc Ferry. Ferme ta gueule.

La culpabilisation systématique vis-à-vis des plus faibles. Ceux qui doivent toujours s'excuser de toucher les aides sociales. Pardon, messieurs dames, pardon pour le RSA, pardon pour le RMI, pardon d'être pauvre, ce n'est pas bien, je n'aurais pas dû. Je suis responsable de tout, du malheur du monde, je suis responsable de l'incapacité des puissants à changer le monde. Et vous avez bien raison de me montrer du doigt et de me représenter en couverture du *Figaro-Magazine* en train de me prélasser dans un hamac tricolore. Les profiteurs, les exploiteurs du système pour Wauquiez, pour Copé, pourquoi ce sont toujours les mêmes, les plus désargentés, pourquoi ce ne sont jamais ceux qui touchent les stock-options, jamais ceux qui se partagent les dividendes. Pourquoi ce ne sont jamais ceux qui touchent l'argent de l'Éducation nationale pour être occupés à ne rien faire, pour ne pas travailler. 4 499 euros par mois.

Ferme ta gueule, Luc Ferry. Ferme ta gueule comme quand tu ne réponds pas aux différents courriers de ton président de l'université, qui s'émeut, qui poliment te demande de régulariser ta situation vu que tu touches 4 499 euros pour ne rien faire, pour simplement avoir du temps bien à toi afin d'écrire tes livres et venir pérorer sur les plateaux télé.

Ferme ta gueule, Luc Ferry, ferme ta gueule. Tu cherches à te justifier, tu déplaces ta mèche de philosophe de salon, tu cries au complot. Bien sûr, dis-tu, si tout cela arrive, c'est parce que tu as dénoncé des pratiques pédophiles, oh, évidemment, juste sur un plateau de télévision parce que, devant les policiers, tu as juste fermé ta gueule, Luc Ferry, fermé ta gueule puisque tu ne veux surtout pas avoir d'ennuis, tu veux bien colporter des ragots sans preuves, tu veux bien passer à la télévision, d'ailleurs tu n'es pas spécialement révolté puisque dans le milieu auquel tu appartiens tout le monde était au courant.

Ferme ta gueule, Luc Ferry, ferme ta gueule. Et surtout ne joue pas les martyrs, les victimes, ne joue pas non plus les provocateurs. Tu veux bien être pendu sous un cerisier, dis-tu, si la dénonciation de ta situation scandaleuse n'est pas liée à tes propos sur le ministre pédophile que tu dénonces mais, Luc Ferry, il faut dénoncer les criminels qui abusent des enfants et il faut assurer ses cours quand on en a la charge. Alors maintenant, excuse-toi, rembourse les sommes qui t'ont été données et surtout ferme ta gueule.

Je propose un sujet du bac pour les classes de philo : « Comment peut-on être aussi intelligent et aussi con ? »

84

Socialistes, tous ensemble
vers un avenir pire
17 juin 2011

Je voudrais aujourd'hui faire une déclaration solennelle. Nous sommes à moins d'un an de la présidentielle. Le président sortant semble aujourd'hui connaître des difficultés dans les sondages et, par conséquent, celui qui apparaîtra comme le chef de l'opposition, le candidat des socialistes, quel qu'il soit, pourrait avoir de grandes chances de l'emporter. Une chèvre, un mouton, un pré-salé estampillé PS aujourd'hui semblerait devoir l'emporter.

Je voudrais, le plus sereinement possible, et dans le plus grand souci d'apaisement, rassurer de nombreux socialistes et leur dire cette chose très simple qui je crois pourrait les réconforter au moment où la perspective d'une victoire pourrait les inquiéter : tout désespoir n'est pas perdu.

Oui, je voudrais rassurer tous ces partisans des forces de progrès, toutes ces femmes, tous ces hommes qui pourraient craindre que la conquête du pouvoir ne soit aujourd'hui inévitable.

Non, rassurez-vous, chers combattants des guerres fratricides, chers disciples des petites chapelles, chers vieux chevaux d'écuries piaffant dans vos box solitaires, chers éléphants inquiets sur la piste de la savane s'ouvrant comme un boulevard, je voudrais vous tranquilliser, je voudrais soulager vos angoisses et vous dire ceci : il n'est jamais trop tard pour perdre une élection qui semblait gagnée d'avance.

Et je sais que, de ce point de vue, vous n'êtes jamais décevants, je suis certain que vous saurez mettre tous vos talents (et ils sont nombreux !), toute votre énergie (et elle est grande !), toute votre imagination (elle est infinie !), pour vous anéantir, pour vous réduire en poussière, pour vous autodétruire.

(On entend l'hymne socialiste de Mikis Theodhorakis.)

Et toi socialiste de Charente, et toi socialiste du Nord et toi socialiste de Corrèze, je sais que tu feras tout pour que Nicolas Sarkozy redevienne le meilleur prétendant au poste de président. Oui, tu es capable, par ton sens de la division, de remettre en selle un candidat sans monture, sans casaque, qui momentanément semble tombé de cheval.

Oui, je sais que tous ensemble, au cours du processus des primaires, vous saurez vous entre-déchirer, vous combattre les uns les autres, pour, le jour fatidique, choisir le candidat le moins bien placé, le moins enthousiasmant, celui qui aura le moins envie de gagner.

Oui, vous pouvez faire en sorte que le prétendant de la droite le plus critiqué, le plus rejeté jusque dans son propre camp, devienne à nouveau le candidat victorieux au printemps 2012.

Oui, la défaite est là, toute proche, à portée de main. Je suis sûr que, demain, un tribun, inspiré par toute l'histoire du Parti socialiste, du congrès de Rennes au droit d'inventaire, saura se lever, prendre la parole et dire, avec force : « Allons, socialistes, encore un effort et tous ensemble, tous ensemble, pour un avenir pire, perdons ! »

85

Dialogue au bistrot

23 juin 2011

« Qu'est-ce que j'apprends, Jean-Louis, tu veux être président de la République ?

— Ben oui, j'aimerais bien…

— Mais président de la République, Jean-Louis, c'est énorme quand même, tu te rends compte ?

— Oui, je sais, mais j'ai le droit.

— Oui, bien sûr que tu as le droit, Jean-Louis, et puis je sais que tu n'es pas n'importe qui, tu as quand même été ministre de Nicolas Sarkozy…

— Chut, tais-toi.

— Quoi chut, tais-toi ?

— Ben, je veux pas trop le dire parce que Sarko, il est dans le trou, alors je veux pas trop dire que c'était mon copain…

— Ah bon, mais si tu dis pas ça, qu'est-ce que tu peux dire alors ?

— Ben, je sais pas trop, moi, que je suis un super espoir pour la France, que je suis le renouveau, la promesse de changements, des trucs comme ça…

— Hum. Mais tu sais avec qui tu vas gouverner ?

— Ah, mais ceux qui veulent. Tous ceux qui veulent. Moi, je suis pas regardant. Ceux qui veulent, ils me suivent et puis c'est tout.

— Oui mais encore.

— Ben là pour le moment, personne. Hulot, je lui ai proposé, lui il veut bien, il s'en fout, il y connaît rien à la politique, mais ses copains il y en a, c'est des spécialistes, des vrais spécialistes, qui ont bouquiné des livres et tout... Il s'est fait engueuler, faut voir comme, à cause de moi. Ils lui ont dit mais non t'en fous, c'est un mec de droite et tout... Je suis quand même pas pestiféré.

— Non, bien sûr, Jean-Louis, mais c'est quand même toi qui as délivré des permis d'exploration de gaz de schiste à Total. Pour un écolo, tu avoueras, c'est pas terrible...

— Euh, d'accord mais sur l'autoroute, tu vas dans les boutiques Total, maintenant souvent tu trouves des salades bio, tout ça c'est un petit peu grâce au Grenelle de l'Environnement que moi-même, j'ai fait évoluer les esprits...

— Et Bayrou ?

— Quoi Bayrou ?

— Ben, tu y as pensé ?

— Forcément que j'y ai pensé, mais lui, il veut être tout seul au centre. Tu comprends, le gars qui dit qu'il est au centre, il veut être au milieu du centre. Juste au milieu. Et que tous les autres ils tournent autour de lui, alors forcément, dès qu'on est plusieurs à vouloir être juste au centre, forcément, il y a du tirage...

— Et Villepin, tu y as pensé ?

— Non, mais attends, évidemment que j'y ai pensé, moi je pense à tout le monde. En 91, je me suis rapproché des socialistes, en 93, je me suis rapproché de Balladur, tu vois moi, je fais pas de différences, je pense à tout le monde mais Villepin, lui, ce n'est même pas la peine d'y penser, il veut être tout seul. Avec le peuple si tu veux, mais lui, tout seul. Lui, solitaire et singulier, lui unique et merveilleux, face à la multitude qui grouille devant lui, attendant qu'il consente à apporter sa parole au peuple qui ne sait pas encore qu'il a devant lui l'être providentiel, le sauveur attendu. Lui, Dominique de Villepin, comme un loup superbe et blessé, lui, son génie, sa conscience, lui son destin, dans les mains, et le peuple, virtuel, devant lui. Laisse tomber, Villepin, c'est même pas la peine.

— Bon, alors qu'est-ce qui te reste ?

— Eh bien ma conviction, ma force de persuasion, tout ça. Une société plus honnête, plus égalitaire et plus sociale.

— Ah bon. Faut pas trop rappeler non plus que tu as été l'avocat de Bernard Tapie, si je comprends bien.

— Ben non, ça aussi, c'est sûr que ça serait mieux de l'oublier.

— Bon, alors, il ne me reste plus qu'à te souhaiter bonne chance, Jean-Louis…

— Ben, je te remercie. »

86

Tout et rien

30 juin 2011

J'ai envie de parler de tout. J'ai envie de parler de rien.

Lorsque, étudiant, j'étais surveillant d'externat à Argentan afin de payer mes études, je me souviens d'un élève particulièrement perturbateur qui sur la cour de récréation s'était fait réprimander par M. Bögner, Alsacien vertueux et principal du collège Jean-Rostand qui à bout d'arguments lui avait lancé : « Jeune homme, je vous rappelle que je suis le principal ! – Vous êtes peut-être le principal, lui avait répondu l'élève impertinent, mais moi je suis l'essentiel. »

Si je parle de tout, je parle de rien.

Dans le cimetière marin, à Sète (Henry Miller raconte ça, quelque part, dans un de ses livres), le gardien, qui était fatigué de devoir, à tout bout de champ mortuaire, renseigner les touristes qui voulaient savoir où était située la tombe de Paul Valéry, avait dressé son chien qui, en remuant la queue, conduisait directement les visiteurs sur la tombe du grand poète académicien français.

Je parle de tout. Je parle de rien.

Près de la gare d'Ermont-Eaubonne, sur un mur défraîchi, un graffitiste analphabète et raciste avait cru intéressant d'inscrire en grand « Les étrangers dehor ». Dehor : d e h o r. Un correcteur pointilleux avait ajouté en rouge le s manquant puis avait inscrit sobrement « faute de français ».

Quand on parle de tout, on ne parle pas forcément de rien.

« Alors comme ça, on revient du Pérou », fit d'un ton badin mon copain Reinhardt à une jeune femme qui dans le bocage normand arborait un joli bonnet péruvien très coloré. « Non », répondit-elle, retirant son bonnet et laissant découvrir un crâne lisse. « Comme ça, on revient de chimio. »

Pouvoir rire de tout, ce n'est pas rien.

Dans certaines stations de métro, sur des écrans de télévision, on peut lire un message qui met en garde les voyageurs : « Attention, les pickpockets sont susceptibles d'agir dans cette station. » Un jour que le système vidéo était défectueux, on pouvait lire : « Attention, les pickpockets sont susceptibles. » À part les responsables sécurité de la RATP, qui s'intéresse à la psychologie des pickpockets ?

C'est tout. C'est rien.

Une grand-tante de mon amie Lucrèce un jour a dit : « Un centimètre de mousse sur la bière, ça ne fait quand même pas beaucoup. » Ce furent ses dernières paroles. Elle mourut aussitôt. Depuis, au cours des conversations les plus diverses, quand survient une réflexion un peu creuse, ou obscure, ou impénétrable, Lucrèce songeant à sa grand-tante mime l'apoplexie fatale. « Un centimètre de mousse sur la bière, ça ne fait quand même pas beaucoup. » Arg…

Le grand tout est tout proche du petit rien.

Découvrant la plage d'Étretat, mon père avait fait cette réflexion inopinée d'observateur incontestable : « Ici, le moindre grain de sable pèse trois kilos. »

Ce matin, j'avais envie de parler de tout. J'avais envie de parler de rien.

Mais dire aux humoristes anonymes, aux rigolos ignorés, aux fantaisistes inconnus, aux gens d'esprit méconnus, la reconnaissance, la gratitude pour tous ces instants qui enchantent le quotidien, pour tous ces moments qui rehaussent l'ordinaire, pour la beauté du geste gratuit, pour le charme du mot bénévole, pour la délicatesse de la pointe gracieuse.

Une chronique en passant, comme ça, légère, un peu mince, assez subtile, diront les uns, un peu creuse, diront les autres.

Une façon de dire merci pour votre patience d'auditeur, votre indulgence.

Oui, un merci, sincère et amical.

Pour tout. L'air de rien.

Remerciements à Olivier Broche,
qui non content d'interpréter
le rôle de mon envoyé spécial
Gilbert Van der Smissen est souvent
mon premier lecteur, critique et correcteur.

Table des matières

PREMIÈRE SAISON

1. La confusion domine 15
2. Il paraît qu'il faudrait jeter ses mouchoirs
   sales… 18
3. Vive la vidéosurveillance ! 22
4. Le livre à de Closets 25
5. Que la montagne est belle 28
6. Aux élèves de Créteil 31
7. Éric Bessonnait 34
8. Le chien de l'Élysée 37
9. Le grand Grégory 40
10. Le gros emprunt 43
11. Journée internationale de la gentillesse 46
12. Pourquoi faites-vous l'amour ? 49
13. Le parapluie d'Angela 52
14. Rentre ici, Guy Lux 56
15. La couille molle du vendredi 59
16. Ségo est arrivée 62
17. Le people aura ta peau 65
18. J'ai dix ans 69
19. Bon week-end… 72
20. La France va mieux 75
21. Une loi contre les fantômes 78

22. C'est plus compliqué que ça… 81
23. Le point G n'existe pas 84
24. Conversation avec ma mère… 87
25. Le retour du point G 90
26. La ligne transversale 94
27. Trop fort, Éric ! 97
28. Gloire et connerie 100
29. Lapsus 103
30. L'homme à abattre 106
31. Même pas mal 109
32. Défense des fouines et des taupes 112
33. In English 115
34. En quête de notoriété 118
35. Miracle mon cul ! 121
36. Sans déconner 124
37. Petite leçon d'optimisme 127
38. Le mot défendu (En direct de Lille) 130
39. Petit curé 133
40. Molière, notre contemporain 136
41. En direct de chez Demorand 139
42. 51 142
43. Fini de rire 145

DEUXIÈME SAISON

44. Morel revient ! 151
45. Qu'est-ce qu'on est con ! 155
46. Conflit d'intérêts 158
47. Claude Chabrol 161
48. Comment vous dire 163
49. Luchinite aiguë 166
50. Maréchal, le revoilà 169
51. Dans le fond 172
52. Le plein 175
53. Pétard, blondard, connard 178

54. Le monde est de plus en plus petit 181
55. Pas de chronique (En direct de Tahiti) 184
56. Ma chère Dadu 187
57. Mon cher Nico (La réponse de Dadu
    à son fils Nicolas) 190
58. Le jour où il ne s'est rien passé 193
59. Liliane la joie 196
60. Encore une lettre ! 199
61. Nativité 202
62. Café gourmand… 206
63. Épiphanie 210
64. Casting 214
65. En Utopie 217
66. Carla Bruni n'est plus à gauche 220
67. La grenouille et le roi 223
68. Le pet malawite 226
69. Dite MAM 229
70. Le Bardot des mots 232
71. Le calvaire du député de droite 234
72. Brassens, dernières révélations 237
73. Spécialistes *vs* rigolos 241
74. Petite conne ou gros con ? 244
75. Quel avenir pour le président ? 247
76. Politiquement correct 250
77. Mariage princier 253
78. C'est fou 256
79. Bravo le veau 259
80. Les petits oiseaux 262
81. Chronique enfantine 265
82. « Tout le monde le savait » 268
83. Ferme ta gueule, Luc Ferry 271
84. Socialistes, tous ensemble vers un avenir
    pire 274
85. Dialogue au bistrot 277
86. Tout et rien 280

Composé par Nord Compo
à Villeneuve-d'Ascq (Nord)

Imprimé en France par

BRODARD & TAUPIN

à La Flèche (Sarthe)
en février 2013

POCKET – 12, avenue d'Italie – 75627 Paris Cedex 13

N° d'impression : 72063
Dépôt légal : mars 2013
S23166/01